細說明朝風雲人物

曹金洪　編著

目次

撼動朝野的宦官們

左右歷史的權臣們

縱橫沙場的武將們

名動九州的奇人們

榮輝後世的文人們

前 言

　　大明朝是建立在以漢民族為主體之上的王朝，是一個推翻了蒙古族統治者而建立的復興王朝。大明王朝的歷史周期持續了近三百年，共歷十七位皇帝。在這三百年間，經過多少滄桑巨變，繁榮與衰微。在大明王朝興起與傾覆的過程中，有形形色色的人物參與其中。有統治王朝的皇帝們、叱吒後宮的后妃們以及左右歷史發展的文臣、武將們。這些人物的參與，繪製出了一幅夾雜著皇權的至高無上、富貴與貧賤、抗爭與屈服的歷史人物畫卷，為大明王朝譜寫了一曲波瀾壯闊的樂曲。

　　明朝建國初年，因洪武、建文、永樂三朝的勵精圖治，呈現出了一派盛世局面，不僅百姓豐衣足食，而且國力強盛。當時的疆域廣闊，東西版圖一萬一千七百五十里，南北版圖一萬零九百四十里。直到英宗即位時，已是呈現出「萬邦來朝」的盛世景象。

　　當然，能呈現出如此歷史畫面，少不了大將軍徐達的衝鋒陷陣，足智多謀的劉基運籌帷幄，一批功臣為布衣皇帝朱元璋立下了汗馬功勳。至明成祖時期，政治家姚廣孝將大明王朝推向了鼎盛。同時，還通過鄭和七下西洋的壯舉向各國昭示了大明王朝的國力。

　　除此，在大明王朝的統治時期還出現了許多忠臣良將，一代名臣方孝孺為了民族大義，捨生取義，因為力拒明成祖的勸降，付出了家族被誅的淒慘代價。還有用兵如神的王守仁，剿滅倭寇的戚繼光，善於察言觀色的張居正以及青天大老爺海瑞等，他們的出場，為後世所稱道。然而，歷史上也總是會出現一些奸邪的人物。比如，禍國殃民的奸佞權臣劉瑾、太監魏忠賢等，他們將大明朝廷弄得烏煙瘴氣，一

蹶不振，直到農民起義的浪潮發起，才將其淹沒。

　　本書精選了歷史上具有代表性的明代風雲人物，帶領讀者穿越時空隧道回到大明王朝，向讀者真實地展示了當時跌宕起伏的政局。相信讀者在閱讀的同時，亦能與當時的人物一同感受那雲譎波詭，世態炎涼，由此來感悟現世社會。

　　　　　　　　　　　　　　　　　　　曹金洪 2012年5月

霸氣外露的皇帝們

從丐僧到帝王的朱元璋

眾所週知，大凡皇帝出世，後來的史書上總會有一些奇異現象的記載。不是刮大風、下暴雨、冒香氣，就是天上星星異常閃耀、到處放紅光等，為的就是告訴你這個人的出生與眾不同。大明開國皇帝朱元璋自然也不例外。據說，他出生的時候滿地紅光，房屋上異光閃耀，以至於鄰居們都以為他們家失火了，趕緊跑來相救。

然而，朱元璋的出生並沒有讓老父親朱五四笑顏逐開，而是徒增了一絲憂慮。這是什麼道理呢？原來他們家已經有三個兒子、兩個女兒，而家庭唯一的經濟來源，只是老父親給地主家種地所得的少得可憐的收入。

元朝的普通百姓，大多不認識幾個字，給孩子起名也經常是拿常用的數字來取。於是，朱家老父就給他起了一個很好記的名字——朱重八。由於家境貧寒，朱元璋很小的時候就開始給地主家放牛，想要讀書識字，無異於「白日做夢」。童年最大的歡樂也就是與一幫小夥伴放牛玩耍。據說，他們還曾經一起將地主家的小牛犢宰殺之後分吃了，雖然最終換了一頓打，但日子還算「逍遙快活」。

然而，少年的歡樂對他來說是非常短暫的，在他年僅十六歲的時候，就飽嘗了人生最為慘痛的經歷。這一年，除了一個到別處當上門女婿的哥哥以及遠嫁出去的姐姐，他的親人們一個接一個地離開了人世。時代的不幸、家庭的變故，使這個懵懂的少年猛然成熟。

安葬完朱家幾位逝者之後，孤苦無依的朱元璋到皇覺寺當了一名小沙彌，兼任清潔工、倉庫保管員以及添油工。由於旱災頻繁，這座小廟也不景氣。入寺不到兩個月，住持便遣散眾僧，讓其外出化齋，

自謀生路。才敲了木魚沒幾天的朱元璋，不得不披起一件袈裟，獨自遊走四方，當起了遊方僧人。在外面遊蕩了三年之後，朱元璋覺得外面動盪不安，再這麼流浪下去，恐怕小命都難保了。於是，他又回到了皇覺寺。

一晃幾年又過去了，天下越發地紛亂，他的心也一樣的紛亂，尤其是當他的老朋友湯和給他寄了一封信，勸他別在破廟裡憋屈地待著了，還是參加到起義隊伍中，也好讓自己在亂世中有個可靠的立命之所。於是，他一咬牙就加入了起義軍，並改名「朱元璋」。其實，他這個名字很有意思，「朱」正好是「誅」的同音詞，「元」則可以暗指元朝，而「璋」是一種武器，三個字合起來，就可以理解為誅滅元朝。

自從二十五歲加入郭子興領導的紅巾軍之後，朱元璋跟隨郭子興南征北戰立下了不少戰功。郭子興非常器重他，還將養女馬氏嫁給他，這便是歷史上著名的「馬大腳」馬皇后。郭子興死後，朱元璋獨攬兵權，最後統帥郭部，成為獨踞一方的豪雄。

接著，他積極儲備實力，以便伺機而動。在各大戰役中，朱元璋戰功連連，地位也跟著不斷上升。西元一三六五年，他在鏖戰中，滅了陳友諒，自立為吳王，建立百官，剩下的便是一步步實現他創建大明帝國的宏圖偉業了。

西元一三六七年，吳王朱元璋在徹底打垮張士誠之後，於十月任命中書右丞相徐達作為征虜大將軍、平章常遇春為副將軍，率二十五萬大軍，北進中原。在北伐的過程中，他還發佈告北方官民的文告，提出「驅逐胡虜，恢復中華，立綱陳紀，救濟斯民」的綱領，以此來感召北方人民起來反元。就這樣，朱元璋順應時代發展的潮流，憑藉其雄才大略、遠見卓識，對北伐作出了精心的部署，提出先取山東，摧毀元朝的屏障；接著進兵河南，切斷元朝的羽翼，奪取潼關，佔據

它的門檻;然後再向大都進軍;這個時候,蒙古勢孤援絕,自然不戰而取之;再派兵西進,就可以將山西、陝北、關中、甘肅席卷囊中。

在朱元璋的英明領導下,在各路英雄豪傑的幫助下,北伐計劃順利實施。大將軍徐達率兵先攻下山東,接著,向西挺進,拿下汴梁,然後又揮師潼關。朱元璋到汴梁坐鎮指揮。西元一三六八年,朱元璋在南京稱帝,國號大明,年號洪武。

七月,各路大軍沿運河直達天津,二十七日佔領通州。元順帝酉妥歡貼木爾帶領他的嬪妃、子女及大臣逃出大都,經居庸關逃奔上都。八月二日,明軍攻入大都,蒙古被迫向北遷移,至此,蒙古在南方的統治結束,朱元璋終於將長城以內地區的統治權握入手中。

當了皇帝的朱元璋,自然就得考慮如何鞏固政權。於是,他開始大力整頓官吏,加強中央集權,將軍政實權牢牢地掌握在自己的手中。官制穩定之後,他又開始考慮如何籠絡人才,選拔稱職的官員。為此,他大力改革科舉制度,為大明帝國源源不斷地徵集了大量後備官吏,奠定了明朝綿延幾百年的根基。

朱元璋看到過元朝由於吏治腐敗,導致民不聊生,哀鴻遍野,最終走向滅亡。為了讓官吏系統更好地為百姓服務,讓帝國更加穩固,朱元璋對於貪官污吏堅決使用嚴刑峻法,見一個抓一個,絕不姑息養奸。最有名的案子要數「空印案」與「郭桓案」了。雖然說這樣的高壓政策的確狠了點,但是,其效果還是相當明顯的,明初的吏治,不能不說大體上是清明的。

為了鞏固大明的統治,讓朱氏子孫代代坐穩江山,朱元璋可謂是費盡心思,機關算盡。隨著權力的加大,朱元璋內心的無助與猜忌等灰暗面展現出來,殺功臣,就是其縮影之一。事實上,功臣未必就會威脅到他的地位,但是,他卻不放心,對於那些稍有不順從的大臣就嚴屬打擊。

　　日久天長，精力衰竭，晚年的朱元璋除了殺臣子還是殺臣子，除此之外，他最擔心的還有他的身後事。自己一手提拔起來的那班老臣們，是與自己一起浴血奮戰並肩走過來的。他們對自己的命令，自然是唯馬首是瞻，但是一旦自己死後，自己那年幼的兒孫還能制服他們穩坐龍椅嗎？因此，當七十一歲的朱元璋離開人世時，也許想的不是他一生的征戰與輝煌，而是對朱氏子孫的放心不下。

篡位的好皇帝朱棣

　　生在帝王之家，本是一件無比幸運的事。但朱棣出生的時候，恰逢朱元璋艱辛創業的時候，因此，他的童年生活並非人們想像的那麼幸福。而關於朱棣生母的問題，一直以來，眾說紛紜，成為一個歷史上的疑案。

　　在中國封建社會，皇子有嫡庶之分。一般皇位繼承人只會在嫡系子弟中挑選，而庶子由於地位相對卑賤，並沒有角逐皇位的資格。根據史料考究，朱棣的生母很有可能只是朱元璋的一位偏妃，還有一種說法是朱元璋打進元大都的時候，看見元順帝的福晉洪吉喇氏長得貌美如花，色心又起的朱元璋就將洪吉喇氏納為自己的妃子，當時洪吉喇氏早已身懷有孕，後來生下一子，就是明成祖朱棣。這種說法的依據是建文帝削藩的時候拿周王第一個開刀，周王是兄弟中和朱棣走得最近的，拿他開刀，等於削去了燕王的羽翼。這位周王的生母就是洪吉喇氏。

　　朱棣當上皇帝之後，自知自己的皇位繼承問題會遭到眾人的非議。所以，他千方百計用各種辦法來證明自己身份的正統性。他自稱馬皇后所生，身上流的是純正的朱家血脈。並且朱棣當政期間，多次對《太祖實錄》進行修改，將對自己不利的言論通通遮罩。歷史是以勝利者的意志編寫的，這點小事，對於高高在上的皇帝來說，就是動動嘴皮子的問題。

　　朱棣在南京出生那會，正是自己的父親和陳友諒激戰正酣的時候，所以朱元璋連自己的兒子也沒有顧得上看一眼。朱棣七歲那年，老爸登基做了皇上，閒下來的皇上這回才想起來自己的兒子連個學名

都還沒有，於是賜名朱棣。俗話說虎父無犬子，朱元璋一世英雄，自然對自己的子女們也是管教甚嚴。從小生活在宮裡的朱棣，每天都要參加各種朝祭活動，習文練武是他每天的必修課。不僅如此，父親朱元璋還會經常抽查他的課程，對他進行言傳身教，正是在父親這種近乎苛刻的管教下，朱棣養成了一種堅韌的性格。

說起朱棣是如何奪取皇位的，就不得不先提一下他的父親朱元璋。明太祖朱元璋和漢高祖劉邦其實在很多方面都有著驚人的相似之處。劉邦在奪取天下之後，起初將自己的兒子們和功臣們都封了王，造成了地方牽制中央，不受中央調度的惡果。後來實行削藩，試圖罷黜那些位高權重的藩王。最後藩王門聯合起來，以「清君側」的名義起兵造反。朱元璋建國之後，同樣是將自己的兒子們分封到各大地區做了諸侯王，並且賦予他們地方所有的經濟、政治、生殺大權。他沒想到，他活著的時候，這些諸侯王門的確是不敢放肆，但是一旦他死了，這種失策的政治體系，造成了國家的動亂。

起初朱元璋封自己的長子朱標為皇太子，作為日後自己的繼承人。而像朱棣這些小兒弟們都被派到各自的封地去。誰知白髮人送黑髮人，朱標從小身體就不瓷實，再加上朱元璋太能活了，朱標生生地被老爸熬死在皇太子的位置上。看著自己付出心血培養起來的太子這麼早就走了，朱元璋傷心欲絕，所以他將對兒子的愛轉移到了自己的孫子，也就是朱標的長子朱允炆身上。本來老大死了，按照長幼有序，皇位應該留給自己下面的兒子。但朱元璋封朱允炆為皇長孫，是自己指明的皇位繼承人。這種廢長立幼的做法，自然引來了其它兒子的不滿。這其中朱棣雖然喜怒不形於色，但心裡對此也是頗有微詞。

洪武三十一年，朱元璋駕崩，朱允炆順理成章當上了九五之尊，這就是建文帝。而這時候的大環境是他的二叔、三叔已死，現在權力最盛的就是身在北京的四叔朱棣。朱棣由於常年治軍，所以其軍事威

望和實力都是對皇位最大的威脅。朱允炆採納了方孝孺等謀臣的建議，大力削藩，妄圖削弱朱棣等人的權力。看著自己的侄子削藩削到自己的頭上，朱棣當然不幹。朱棣在北京起兵，號令天下，以「靖難」的名義向當時的首都南京挺近。「靖難」，顧名思義就是說皇帝身邊有奸臣讒言，朱棣要替皇帝剷除這些小人。

朱允炆得知消息後，積極派軍隊途中阻擊。但朱允炆這個小屁孩哪是身經百戰的朱棣的對手，不論是軍事才能，還是政治手段，兩個人都不在一個級別。不久，朱棣的大軍就攻下南京。方孝孺等主張削藩的大臣被殺，建文帝下落不明，關於建文帝的下落有三種說法：一說他當時萬念俱灰，在自己的宮殿裡自焚而死，後來朱棣看著已被燒得面目全非的人骨，還假惺惺地哀苦連天。第二種說法是朱允炆當時在隨從的保護下逃出了皇宮，從此隱姓埋名，直至終老。第三種說法是從皇宮裡逃出來後，朱允炆乘船跑到了其它國家。但不管其最後結局如何，作為歷史人物的建文帝在這一刻的確已經死去，朱棣取而代之，成為這個國家新的一把手。

雖然朱棣是通過軍事政變奪取了皇位，但他確實是一位為國為民，嘔心瀝血的好皇帝。他在多方面對國家進行了改革和加強，為明朝日後的長治久安打下了一個堅固的基礎。

朱棣即位之後，做的第一件事就是將都城由南京遷到北京。北京本就是他的大本營，他在那裡經營多年，無論是政治環境，還是人員構成，都瞭若指掌。另外不得不考慮的是，中國人從古至今都是很相信迷信的，朱棣在南京逼迫建文帝下了臺，雖然大事已成，但南京這個地方對他本人來說，心裡總是有所忌諱。因此，他想遠離這個是非之地。朱棣遷都北京，將明朝的政治核心轉移到了北方，為中國北方的日後發展創造了機會。

自從朱棣廢除丞相一職之後，國家許許多多的公事都需要皇上親

自處理，每天都需要處理一大批的公文，為此，朱棣忙得不可開交。為瞭解決這種困境，朱棣設置了內閣大學士一職，並且經過認真考察，挑選出瞭解縉、胡廣、楊士奇等七位才能出眾的年輕官員，史稱「內閣七學士」，這些官員各盡其能，為朱棣的太平盛世立下了不朽的功績。雖然設立內閣，看似權力分散，但國家重要事務，朱棣還是親自處理，大學士只是起到輔助作用。同時，這種多人組成的方式，能夠起到互相牽制的作用，有效地防止了權力過剩的現象。

上面我們提到，有人說建文帝最後逃向了外國，這一直是朱棣的一塊心病。為了打聽建文帝的下落，更重要的是為了向他國展現天朝實力，朱棣耗費鉅資，先後差遣鄭和七次下西洋，有力地促進了明朝與各國的文化、經濟交流，大大促進了中國文化的傳播。

元朝雖然被推翻，但其殘餘勢力還是盤踞在長城以北活動，對明朝的統治是個不小的威脅。朱棣作為馬上皇帝，自然不會讓這種威脅一直存在下去。在他統治期間，耗費大量錢糧，先後五次親征蒙古，大大打擊了元朝殘餘勢力，擴展了明朝版圖。第五次親征時，由於積勞成疾，明太祖朱棣病死在行軍途中。

朱棣積極參加北征，這其中據說還有一個緣故，那就是牽扯到赫赫有名的傳國玉璽。這傳國玉璽本是當年秦始皇所有，被視為皇帝最尊貴的象徵。歷代君王都以擁有傳國玉璽為至高無上的象徵。為此幾千年來，為了這塊石頭，許多英雄爭得頭破血流。傳國玉璽歷經漢、晉、隋、唐、宋幾大朝代的傳承，到了元朝末期，下落不明。傳言說當年遼國國君最後得到玉璽，獻給了元朝，本來就是靠著篡位而來的朱棣希望能夠搶回傳國玉璽，為自己的皇位正身。

「太平天子」朱瞻基

　　不同於明朝前幾任皇帝，朱瞻基的身份可以說是根正苗紅。其父朱高熾乃是太祖親封的燕王世子。洪武三十一年，朱瞻基出生在北京燕王府。據史書記載，朱瞻基出生的那天晚上，當時還是燕王的朱棣做了一個夢：他夢見已經死去的老爸朱元璋來到他的房間，將一個大圭賜給了他，大圭上海刻著八個大字：「傳之子孫，永世其昌」。在中國封建社會，大圭乃是權力的至高象徵。如夢初醒的朱棣被嚇了一身冷汗，他正在琢磨這個夢境的時候，下人傳來喜訊，說世子妃張氏生了一個兒子，朱棣馬上將夢中意境所指和這個孩子聯繫在了一起。他馬上跑過去看孫子，發現這個小傢伙長得非常像自己，眉宇間透著一股英氣，從此對這個孫子無比疼愛。據說這件事對朱棣發動「靖康」之變起著很大的作用。但這明擺著實際上是朱棣想做皇帝都快想瘋了，日有所思，夜有所夢。但不管怎麼說，朱瞻基的出生剛好迎合了朱棣的這種心理需求，因此注定了他的皇帝之路。

　　隨著朱瞻基一天天長大，朱棣對這個小孫子更是關心有加。他親自為朱瞻基挑選著名文臣擔任其老師，並且，曾經對他挑選的老師暗示道：皇孫乃是可造之才，富貴不可言，要好好教導他。不僅如此，朱棣同時也注重親自對孫子言傳身教。朱棣每次出征都會將小孫子帶在身邊，希望以此鍛鍊他的勇氣。後來朱瞻基也經常帶兵出征，很大程度上是受到他爺爺的影響。

　　朱瞻基的父親朱高熾之所以能被立為太子，很大程度上是沾了兒子朱瞻基的光。朱高熾雖說是太祖親封的燕王世子，但從小就是一個性格軟弱的人，平時只愛讀書撰文，練武帶兵都不是他之所長。這與

他的父親有著極大的反差。眾所週知,朱棣是一位馬上皇帝,一生就好統兵征戰四方,所以起初朱棣並不打算將朱高熾作為自己的接班人。他更傾向於將自己的皇位傳給自己的次子朱高煦。這朱高煦和朱棣簡直就是一個模子裡刻出來的,從小好鬥,在軍事上也頗有成祖之風。「靖難」之變時,朱高煦曾作為大軍先鋒,多次救朱棣於危難之中。為此朱棣曾經許諾過他:「你大哥從小多病,將來皇位必定是你的。」聽了父親這話,朱高煦就像是打了雞血一樣,在朱棣奪位的過程中,立下了赫赫戰功。

但是天不遂願,做得皇帝寶座之後,朱棣出於多方面的考慮,還是將朱高熾立為太子。一方面中國古代是非常講究長幼有序的,他自己的寶座就是因為對反對父親廢長立幼的做法,造反得來的,他不希望這樣的事情今後再次發生。另一方面,朱高熾雖然軟弱,但其心寬厚,儒雅作風在文臣中也頗受推崇。相反次子朱高煦為人好勇鬥狠,這種性格打仗可以,但做皇帝恐怕不太合適。另外,朱棣對孫子朱瞻基的格外青睞也是一個不可忽略的重要原因。他希望將來瞻基能接皇帝的班。

永樂二十二年(西元1425年),明成祖朱棣駕崩,身為太子的朱高熾即大位,改元「洪熙」,這就是明仁宗。熬了這麼多年,好不容易當上皇帝的朱高熾正準備施展自己一腔報復的時候,可惜自己太不爭氣,皇上沒當一年就掛了。龍椅還沒焐熱,就這樣交給了兒子朱瞻基。而當時朱瞻基人在南京,突然聞聽父皇駕崩的消息,馬上準備啟程趕赴京城。這時候有官員阻攔他說:漢王朱高煦準備在半路上刺王殺駕,然後再取而代之。聞聽此言,朱瞻基冷笑道:我乃成祖欽定皇長孫,當今太子,誰若敢違抗祖訓,我必滅之。因此不聽其勸,輕身趕往京城。再說說這朱高煦吧,雖然早有造反之心,但他卻沒有這個頭腦。他料定自己的侄子肯定不敢貿然啟程,因此朱高煦並沒有及時

在半路設伏，最終錯失了登上九五之尊最好的機會。

回到北京，朱瞻基一方面妥善料理好了父親的喪事，一方面加固了京城的城防，防止有人肆機作亂。不久，憑藉著自己的大智大勇，朱瞻基從容登基，改國號為「宣德」，是為大明宣宗皇帝。

等一切安定下來之後，擺在他面前的最大問題就是削藩，這些擁兵自重的藩王們就是一隻只趴在他身邊的猛虎，隨時都有可能向自己撲過來。一旦處理不當，朱瞻基就有可能是第二個「建文帝」，因此朱瞻基馬上著手整治軍務，準備迎接強藩的挑戰。果然，削藩的消息一傳過來，朱高煦惱怒得血灌瞳仁。本來自己就想趁哥哥暴斃的機會趁機奪位，不料想比自己搶先一步的小侄子竟然打起了他的主意。一不做二不休，乾脆來個魚死網破。朱高煦效仿當年的成祖，以「清君側」的名義起兵直逼宣宗。宣宗聞訊，毫不畏懼，以天子的名義昭告天下，要起兵親征漢王這個叛亂分子。這次朱高煦還是棋差一著，朝廷大軍在宣宗親征的鼓舞下，勢如破竹，不久就將朱高煦圍困在樂安城。而那些當初約定與他共同起事的藩王們，被朝廷大軍的聲勢震懾，紛紛見死不救。眼看大勢已去，朱高煦只好出城投降，最後被宣宗賜死。朱高煦憑著他的勇猛，自認為是成祖第二，可惜宣宗並不像建文帝那般軟弱無能。這大蟲一除，宣宗猶如秋風掃落葉般將那些小魚小蝦們處理得一乾二淨，就這樣，削藩這個困擾太祖、成祖、仁宗三代的歷史遺留問題，在宣宗雷霆萬鈞之下得到了根本的解決。

在中國古代，越南、雲南、貴州這些地區被統稱為安南地區，由於安南遠離政治中心，加之這裡大多是少數民族的聚居地，因此自古以來中央政府在這裡都疏於管理。秦朝時期，秦始皇遣大將趙佗率軍曾征服此地，設立了象郡。後來不管是漢代，還是唐代，中央政府都在此地區設立過行政政府機關。但是由於該地區的文化，民族構成等都十分複雜，所以在歷史上，安南多次發生過叛亂獨立的事件，與中

原政府是分分合合。

到了明朝，明成祖耗鉅資多次在安南用兵，並將安南設立為明朝的一個省。但民族叛亂這樣的事情還是時有發生，成為明朝統治的一個不安定因素。後來明宣宗即位，經過與大臣的商議，安南地區遠離中央，即使將其拿下，既耗費錢糧，日後還是會反覆生變。不如讓安南自成一國，但安南必須承認大明是其宗主國，需要向大明年年進貢，歲歲稱臣。起初安南王黎利並不情願做大明的附屬國。明宣宗採取了先軍事再談判的策略。宣德二年（西元1427年），大明軍隊擊敗了黎利，斬首萬餘。黎利的威風終於被大明打壓下去。同年，黎利向大明進獻貢物，表示願意臣服大明，做其附屬國，明宣宗未准。後來黎利又先後三次晉貢，明宣宗看其是真心臣服，於宣德三年（西元1428年），冊封黎利為安南國王。從此直到明朝覆滅，安南都再未與大明發生過大的戰事。雖然名義上安南成為了獨立的國家，但實際上大明不僅沒有放棄對安南的實際掌控權，還為國家節省了大量的軍費開支。

明宣宗是一個比較瞭解百姓疾苦的皇帝。有一次他在臣子的陪同下到田間遊玩，忽然看見田中有一農夫正在耕作，從小就沒有干過農活的宣宗出於好奇，取來耕具親自當了一回農夫，還沒犁兩下，宣宗就感到兩臂酸痛，他回頭對臣子們說：「朕只是推了兩三下，就覺得不勝勞累，何況那些農民終年勞作」，說完就命人賞賜了這位農民錢財。

宣宗是明朝少有的愛惜子民的明君，他所制定的薄稅政策，大大減輕了百姓的負擔。另外在災年的時候，他對於賑災情況是事無鉅細，並且經常提醒自己的下屬：人災有時候勝過天災。如果賑災的官員在下面胡作非為，百姓將會更加疾苦，為此玄宗制定了一條法規：凡是「私自動用皇糧的，一律殺無赦」。正是在這樣嚴格的法規的約

束下，宣宗時期的官員大都比較廉政。

　　明朝江山傳到明宣宗這一代，已經建國半個世紀。穩定的政治環境，加之完善的政策和法規，使明朝發展到了最頂峰。而明宣宗統治的時期，歷史上尊稱為「仁宣之治」。

俘虜皇帝朱祁鎮

　　關於朱祁鎮的出身，有一個富有傳奇色彩的故事。當年宣宗在位時，他的正宮是胡皇后，胡皇后為人賢良溫淑，因此深得張太后的喜歡。但是宣宗對他這位夫人很不感冒，而是寵幸孫貴妃。為了讓孫貴妃當上皇后，宣宗曾經多次與自己的母親張太后爭吵，出於對胡皇后的喜歡，張太后總是力保。時間一天天地過去，看著自己的皇后夢還是遙遙無期，孫貴妃不免開始懷恨這位胡皇后。

　　胡皇后雖然人是不錯，但是唯一的遺憾就是沒有為宣宗留下血脈。為此，胡皇后常常自責。而孫貴妃雖然也沒有生養，但是她看得出孩子是她制勝的唯一法寶。於是她在宮中暗暗調查哪位被宣宗臨幸的宮女懷有身孕，後將一名懷孕的宮女偷偷藏在密室中，讓她斷絕與外界的來往，奸詐的孫貴妃又買通了御醫，對外宣稱自己已懷有龍種。說懷孕容易，這天長日久總會被人看出破綻來，這孫貴妃又有辦法，隨著臨產日期的臨近，她一點一點地往自己的衣服底下塞東西，裝出一副大肚子的樣子。宣宗由於日理萬機，哪有時間天天跟著她。就這樣一直瞞到了臨產這一天。那位宮女在密室中生下一個兒子，這就是朱祁鎮。孫貴妃一方面令下人把孩子抱去給宣宗看，另一方面馬上命人將這位宮女秘密處死，以除後患。宣宗看見自己有了血脈，那高興地鼻涕泡都出來了。馬不停蹄地趕來關心自己的愛妃。進屋一看，見孫貴妃正在床上躺著，滿臉是汗，一副虛弱的樣子。從此，宣宗對孫貴妃更是疼愛有加。俗話說：「母以子貴」，四個月後，宣宗就廢了原來的胡皇后，立孫貴妃為新國母。朱祁鎮也被封為太子。

　　自打朱元璋開明建國之後，曾經立過一條規矩：禁止女人參與朝

政。在中國歷史上，多次出現過由於女人參與朝政，導致大量外戚掌權，敗壞朝政的現象。朱元璋正是為了防止大明也出現這種弊端，才立下這樣的規矩。但是朱祁鎮即位時只有九歲，軍國大事自己還不能獨自處理。因此，當時的輔政大臣們紛紛上奏請求當時已經是太皇太后的張太后出來垂簾聽政，代理朝政。張太后為了不敗壞祖宗的規矩，拒絕了大臣的建議。但她提出了三點建議：第一，縮減皇室生活開支，減輕百姓的負擔。第二，加強對少年天子朱祁鎮的教育，希望他早日成熟起來，擔負起皇帝的重任。第三，軍國大事依靠前朝權臣處理，待到天子成年，再移交權力。

正統元年的一天，朝廷召集大臣們開會，張太后在一旁聽政。待人員到齊之後，張太后拉著小皇帝的手，指著下面的英國公張輔、大學士楊士奇、楊溥、楊榮，禮部尚書胡淡，對小皇帝教誨道：「這五位乃是你父皇在世時最倚重的老臣，當初你父親對他們的建議無不聽從。以後有什麼軍國大事，若沒有這五位的贊成，切切不可施行。」朱祁鎮應聲受命。這五位輔政大臣中，張輔是一介武夫，對於朝政的制定並不是專家。胡淡雖然深受宣宗信任，但見識膚淺。實際上真正處理國家政務的是楊士奇、楊溥、楊榮這三位大學士。

在「三楊」的治理下，正統年間依然沿襲著「寬仁為政」的政策，注重民生的發展，輕繇薄役，因此正統初期，國家還是比較繁榮的。而這時候的朱祁鎮主要的任務是接受教育，聽取老人們的教誨。但是時間一長，朱祁鎮就對這些老臣產生了反感。相反大太監王振總是想盡各種方法逗小皇上玩樂，從此深受小皇帝的信賴，這為朱祁鎮日後寵信宦官埋下了伏筆。

雖然在眾多大臣的輔佐下，大明天下還算是比較太平。但隨著張太后和「三楊」這些老人們，去世的去世，退休的退休。朱祁鎮開始顯露出他叛逆的一面。他首先是大興土木，勞民傷財，完全違背了大

明「勤儉持家」的作風。另外就是寵信王振，對其言聽計從，王振藉此在朝廷裡大肆安插黨羽，之後又寵信石亨、曹吉祥等人，造成嚴重禍亂，從此大明開始走下坡路。

當時，處於漠北的元朝殘餘勢力分為瓦剌和韃靼兩部。到了英宗時期，瓦剌逐漸強盛起來。當時瓦剌的實權掌握在太師也先手上。正統年間，也先派使者以進貢的名義騙取大明的獎賞。而當時勢大滔天的王振由於與也先分贓不均，拒絕打賞瓦剌使者。不久，瓦剌以此為名侵犯大明。聞聽此訊，年輕氣盛的朱祁鎮準備像他的祖宗那樣御駕親征，但遭到了大臣們的反對。這時候的王振為了青史留名，極力贊成英宗親征。就這樣英宗率臨時拼湊的五十萬大軍，浩浩蕩蕩開到了大同。

兩個外行領導著一群雜牌軍打仗，哪有不敗的道理。也先用詐敗之計，誘敵深入。英宗見敵軍敗退，殺敵心切，拼命追殺，最後敗得一塌糊塗。眼看大事不妙，王振又力勸英宗撤兵，英宗從之。但大軍在撤軍途中，王振為了炫耀自己，又提議繞道自己的老家蔚州。英宗還是從之。眼看就要走到蔚州，王振又怕大軍踩踏家鄉的莊稼，鄉人辱罵，又改主意勸大軍還是按原路撤退，英宗還是從之。就這樣三番五次地變更行軍路線，錯失了撤軍的最好時機。大軍行至土木堡時，瓦剌大軍追到，將英宗團團圍住，不久城破，英宗被俘。王振被明軍將領所殺，這就是歷史上著名的「土木堡之變」。從此，英宗開始了長達一年多的牢獄生活。

消息傳到北京，朝廷大為震動。但國不可一日無君，於是孫太后和朝臣于謙等人擁立英宗之弟朱祁鈺為帝，改元「景泰」，這就是明代宗。

捉了明英宗，瓦剌本打算利用這個棋子騙取大明。但眼看著大明又換了新的皇帝，英宗這個棋子猶如喪家之犬，毫無利用價值。俗話

說「餓死的駱駝比馬大」，大明畢竟地大物博，土木堡一戰並未傷及大明元氣，相反瓦剌雖然得勝，但畢竟地狹人稀，這一戰消耗不小。一年後，瓦剌將英宗送回北京，準備議和。當時代宗已經坐穩了皇位，所以本不想迎回英宗，但大臣們說：「英宗畢竟是咱們的人，要是不管他傳揚出去丟面子。」代宗這才不情願地將自己的哥哥迎回了北京。英宗到了北京，代宗見了哥哥是痛哭流涕，對哥哥是噓寒問暖，不停地安慰哥哥。晚上代宗宴請群臣，為英宗擺酒洗塵。這一夜，大殿之內是一派喜慶之氣。英宗回到了家，又看見自己的弟弟如此關心自己，那心情甭提多好。可是宴席一結束，等到大臣們一退，代宗面沉似水，下令將英宗軟禁在南宮。一天時間就經歷了人間的大喜大悲，那是何等的壯觀。英宗雖然逃離了瓦剌人的牢獄，卻又跳進了自己人的圈套。

在被軟禁的日子裡，英宗過的是非人的生活，吃糟糠粗麵，穿破衣爛衫。代宗為了隔絕英宗與外界的聯繫，將南宮的大門砌死，只在旁邊開了一個小洞向裡面遞食物。這樣還不夠，代宗還把南宮所有的大樹伐去。英宗就在這種鬼都看不見的地方，度過了自己的七年軟禁生活。

英宗本以為自己這一輩子就這樣交待了，誰能料到時來運轉。景泰八年（西元1457年）正月，代宗病重，眼看就要不行了。但是皇儲問題並沒有定下來。眾大臣決定在第二天上奏進諫，請求代宗早日確立儲君。誰知當天晚上情節就發生了歷史性的變化。五清侯石亨、徐有貞，大太監曹吉祥準備兵變，希望重新立英宗為帝，自己好飛黃騰達。偏偏湊巧的是，這時候北方剛好傳來瓦剌犯境的消息，石亨借「保護京城」的名義調來了大批禁衛軍準備兵變。在石亨等人的率領下，禁衛軍直奔南宮，砸開宮門將英宗迎出。說明來意之後，大軍又直闖正宮。守衛的士兵本打算阻攔，但英宗表明了自己的身份，小兵

們想：「他們家的事太亂，多一事不如少一事」。於是，英宗順利進入大殿。第二天大臣上朝，往龍書案上一看，上面坐的不是代宗，而是七年前的英宗。這時候，大太監曹吉祥大聲喊了一句：「皇上復辟了！」這個時候的代宗正在內室梳洗，聞聽此信當時就癱軟在地，說了句：完了，一切都完了！

　　至此，英宗重新登基，改元「天順」，封賞石亨、曹吉祥等擁立有功之臣，同時將于謙等擁立代宗的大臣一律處死。就這樣一代名臣于謙死於非命。一朝天子一朝臣，為了自己的利益，對皇帝來說，沒有什麼不能捨棄。在這個時候，個人的利益遠遠要高於家族利益、國家利益，只是可憐了那些忠臣良將。天順八年（西元1464年）正月，朱祁鎮病逝於文華殿，享年三十八歲。朱祁鎮就這樣走完了他複雜的人生之路。

創建中興盛世的明孝宗

　　朱祐樘勤政愛民，大赦下下，百姓安居樂業，不愧是中興的明主，無論是才還是德都不亞於明太祖和明成祖。

　　他當上皇帝以後，改革時弊招攬民心，曾使明朝經濟一度上升，被後世譽為「弘治中興」，而且他一生之中只冊封了一位皇后，嬪妃甚少，於中國封建社會的帝王史上可謂極其罕見。

　　朱祐樘的母親紀氏是廣西紀姓土司之女，成化三年（西元1467年），紀姓想自立為王，不過難敵朝廷大軍攻襲，他的女兒被帶到皇宮，宮裡給她派了個看護皇家典籍的差事。憲宗朱見深偶見紀氏便深深喜歡上了她，並臨幸了紀氏。當時，萬貴妃深受寵幸，仗著自己的幾分容顏為所欲為，為了登上皇后寶座，便命心腹太監給已懷身孕的紀氏吃墮胎藥，由於憲宗無子，太監張敏不忍心這樣做，偷偷把墮胎的藥量減少了一些，這個孩子的性命得以保全。在好心的宮女和太監的精心照料下，皇子朱祐樘平安誕生，吳皇后也和他們一起照顧哺養，直到朱祐樘長到五歲。

　　成化十一年（西元1475年），太監張敏在無意中對憲宗說出了這個事情。憲宗正為無嗣而憂愁，聞知此事後欣喜萬分，立刻將朱祐樘接到身邊。第二年，朱祐樘被冊封為太子，紀氏被冊封為淑妃，移居西內。僅過了四十七天，紀妃就被萬貴妃給暗害了。憲宗沒有徹查此事，只是將其厚葬，並諡紀妃為「恭恪莊禧淑妃」。不久，太監張敏吞金自盡。朱見深的生母周太后害怕朱祐樘會遭到萬貴妃的毒害，在仁壽宮抱養了孫子，小太子的生命得以保全。此後，萬貴妃老謀深算，讓朱見深去臨幸後宮嬪妃，當然皇子也多了起來。於是，萬氏就

攛掇朱見深改立太子。朱見深禁不住她的旁敲側擊,正要改換太子時,泰山忽然發生倒塌,欽天監稟報說此兆是東宮的不祥預兆,朱見深認為自己因為廢太子激怒上天,易儲之事遂擱置下來,朱祐樘的太子地位得以保全。

朱見深也對朱祐樘的言行舉止進行嚴格要求。九歲時,朱祐樘便「出閣講學」,被教育得甚是嚴格,教他的老師都是當時名噪一時的大學士如彭華、劉健、程敏政等人。從九歲出閣講學到十八歲即位,朱祐樘九年間一直在學習。

弘治元年(西元1488年)二月,御馬監左少監郭鏞請預選淑女,為孝宗選妃做準備。而孝宗號稱以孝治天下,已經許下為憲宗皇帝守孝三年的諾言:「三年不鳴鐘鼓,不受朝賀,朔望宮中素服」。因此,當時的左春坊左庶子兼翰林院侍讀謝遷也上言說,憲宗的陵墓工程還在繼續,皇帝居喪住的草廬還未變舊,選妃一事暫且擱置。謝遷這麼一說,選淑女備嬪妃的事情就不了了之。因為孝宗幼年時母親受萬貴妃迫害的事給他留下了陰影,他對於嬪妃之間的爭寵甚是反感。因此,在他的一生之中,雖有寵妃上千,卻未曾另立一位嬪妃。

由於憲宗對佛道深信不疑,喜好房中之術,許多佞倖小人得以渾水摸魚進入朝中。李孜省憑方術、房中術而深得皇帝的青睞,有了大權後又和太監梁芳成為一丘之貉,勾結朝臣蠅營狗苟。孝宗朱祐樘即位之後,將這兩人罷官,文武百官拍手叫好。接著,他開始對吏治進行改革,對以萬安為首的「紙糊三閣老」、「泥塑六尚書」進行處理。又重新起用王恕、懷恩、馬文升等在成化朝因為直言被貶的骨鯁大臣以及徐溥、劉健、謝遷、李東陽等賢臣。同時,改革律制,對鹽法重新徵求意見,廢除弊政,當時也以此而國富民安。

弘治五年(西元1492年),蘇松河道淤塞,百姓苦不堪言。孝宗命工部侍郎徐貫親自上任整頓,蘇松水患在其精心治理下得到緩解,

蘇松地區再度成為百姓安居樂業的地方。

孝宗吸前人之鑒,遠離宦官小人,把心思放在政治上。他早朝每天必到,而且又增添了午朝,這樣皇帝就可以聆聽更多的進諫,處理更多的政務。同時,他還開設了經筵侍講,在朝臣之間營造學習治國之道的氛圍。他還開闢了文華殿議政,利用早朝與午朝之餘的時間與內閣商討國家大事。孝宗的勤政使得吏治清明,而且國家的政治經濟農業生產各方面都有了顯著的提高,被史家稱為「弘治中興」。

弘治八年(西元1495年),孝宗由於年幼時的一些痛苦經歷使得身體備受煎熬,他希望在佛那裡得到解脫。與前朝一樣,一些奸佞小人再次進入朝廷,再次禍國殃民,皇帝身邊的紅人李廣就是其中之一。此後,孝宗「視朝漸晏」。

弘治十年(西元1497年)二月,徐溥等人向皇帝上奏進諫,請求皇帝為了蒼天百姓罷黜李廣。三月,孝宗在文華殿召見了內閣大學士徐溥、劉健、李東陽、謝遷,商討國家大事,但此後,皇帝卻鮮有面見朝臣的行為。

弘治十一年(西元1498年),李廣勸孝宗在萬歲山修建毓秀亭,幼公主在亭子剛修好時突然夭折,不久,清寧宮又離奇地出現了火災。太皇太后生氣地說:「今日李廣,明日李廣,果然禍及矣。」這時,李廣迫於言論引咎自殺,孝宗天真地認為李廣家中藏有天書,派人抄其家,出人意料的是翻出了李廣貪污受賄的證據,孝宗這才恍然大悟。此後,他開始了勤於政務,親賢人遠小人,重用劉大夏、戴珊等賢臣。

弘治十六年(西元1503年),張皇后的兩位弟弟張延齡、張鶴齡晉封為建昌侯。這兄弟倆憑著外戚的身份橫行霸道,氣焰囂張,縱容家人欺行霸市,禍害百姓。大臣們向孝宗彈劾此二人,要求嚴懲張氏兄弟無法無天的行為。孝宗雖派侍人核實了此事,但是,卻礙於皇后

的原因而作罷，結果造成了弘治朝外戚張延齡、張鶴齡專權的彌天大禍。

　　弘治十八年（西元1505年）五月七日，孝宗在乾清宮與世長辭，年僅三十六歲。他將皇太子朱厚照託付給劉健、李東陽、謝遷等人，並語重心長地對大臣說：太子人天資聰穎，但是年齡甚小，又愛玩耍，諸卿要多費心力，使他成為一代明君，朕死而無憾了。他給太子朱厚照的囑咐則是「任用賢臣」。孝宗死後，葬於昌平泰陵。

荒淫無道的明武宗

　　朱厚照於弘治四年（西元1491年）九月二十四日出生在北平紫禁城。他的生母張氏出生於平民之家，其父張巒是一個秀才，後通過鄉貢進入國子監。張氏在成化二十三年（西元1487年）二月與當時的皇太子的朱祐樘成婚，九月被正式立為皇后，她是孝宗朱祐樘唯一的后妃。張氏婚後四年才生育皇子，孝宗非常欣喜，五個月後就將朱厚照冊封為皇太子。

　　弘治十一年（西元1498年），皇太子朱厚照開始接受系統的儒學教育。他天資聰穎，刻苦學習，得到人們的普遍讚譽。朱厚照畢竟是個孩子，生性好動，特別貪戀騎射。又因為朱祐樘一心想把他培養成像朱棣一樣文武雙全的聖君，頗為縱容他對騎射遊戲的熱衷。宦官劉瑾等人為得到皇太子的寵信，經常帶著太子練習騎射，放鷹逐犬，讓皇太子遠離侍讀儒臣，導致太子的學業荒廢。

　　弘治十八年（西元1505年）五月，年僅十四歲的朱厚照在孝宗朱祐樘突然病逝後繼位，改年號正德。早就清楚太子缺點的孝宗朱祐樘，非常擔心他玩物喪志，因此，彌留之際，他特意召大學士劉健、謝遷、李東陽至乾清宮委以託孤重任，叮囑道：「東官聰明，只因年幼，玩逸樂，先生輩常勸之讀書，輔為賢主。」但少年天子朱厚照即位不久，就忍不住了，他並沒有朝孝宗朱祐樘預期的方向發展，而是濫用權力為所欲為。朱厚照為了盡情地玩樂，受到「八虎」（指皇帝身邊的八個太監，包括劉瑾、馬永成、高鳳等人，其中以劉瑾為首）的蠱惑，廢除了尚寢官和在文書房侍從皇帝的內官，以此擴大自己的行動自由。他更是以各種藉口逃脫專為皇帝設立的經筵日講，到後來

甚至連早朝也不上了。朱厚照在宮中模仿街市的樣子建立許多店鋪，讓太監扮作掌櫃和百姓，他則扮作富商，整日遊樂其間。後來又模仿妓院，讓宮女扮作粉頭，他挨家進去聽曲、淫樂，搞得後宮烏煙瘴氣。大學士劉健、李東陽、謝遷等人見此，相繼上書勸諫，甚至以請辭相威脅，但朱厚照每次都是嘴上說「知道了」，實際上依舊我行我素。

正德元年（西元1506年），朱厚照因為群臣不斷上書，開始同意除掉「八虎」。但劉瑾聽說後急忙跑到朱厚照的面前聲淚俱下地哭訴，這讓朱厚照的心又軟了下來。第二天，朱厚照竟懲治了首先進諫的大臣，欣然批准謝遷、劉健告老還鄉，提升劉瑾為司禮監，丘聚、谷大用分別提督東廠和西廠。

正德三年（西元1508年），武宗朱厚照厭倦了宮中生活，離開紫禁城，住進了他自己於正德二年建造的豹房新宅。至正德七年，豹房新宅共添造房屋二百餘間，耗銀二十四萬餘兩。他的豹房新宅既是他居住和處理朝政的地方，也是當時的政治軍事中心。豹房新宅有許多密室，像迷宮一樣。此外，還建有校場、佛寺。朱厚照在此每日荒淫無度。

安化王朱寘鐇於正德五年（西元1510年）四月發動叛亂。卻因為不得人心，叛亂很快被平定。長期受到劉瑾打壓的太監張永借獻俘之機，向武宗揭露了劉瑾違法犯紀的十七件事，指出安化王造反皆因劉瑾有反叛之心，圖謀不軌。武宗俯身問道：「當真如此？」周圍的馬永成等人也都歷數劉瑾不法之事。武宗於是派人前去劉宅，自己則緊隨其後，披著青蟒衣的劉瑾剛一出門，隨即被縛。抄沒家產時，發現一枚私刻玉璽，穿宮牌五百，以及盔甲、弓箭等大量違禁物品，又發現他竟然藏有兩把鋒利的匕首在平時所用的摺扇裡面。罪狀確鑿的劉瑾，被斬於同年八月。但劉瑾死後，武宗依然寵信宦官。

在豹房新宅中，朱厚照不僅廣招樂妓，還大肆認領義子。僅正德七年（西元1512年）一年間就將一百二十七人改賜朱姓。而在這些義子中，江彬是最為得寵的。原是一名邊將的江彬，因立軍功獲得朝觀的機會。觀見時，他的言語深合朱厚照之意，朱厚照於是命江彬率邊兵入京進駐豹房。江彬此後更是鼓動武宗離開京城到西北遊幸。一向以雄武自居的朱厚照，當然夢想著能在廣闊的草原上一展雄姿。而更激發了武宗的興致的是江彬告訴他那裡多美婦。

武宗在繼位後不久便娶夏氏為妻，之後又選了幾位嬪妃。然而，自從他搬到豹房之後，並不在意後宮中的皇后、嬪妃，極少回後宮，而是將喜歡的女人都安置到了豹房和宣府的鎮國府。武宗雖然風流好色，閱女無數，但一直沒有生子成了他心中無法抹平的傷痛，為此他甚至迎娶孕婦。正德十一年（西元1516年），賦閒在家的馬昂結交武宗身邊的紅人江彬以求得復職升官的機會。江彬受賄後就經常在武宗面前讚揚馬昂的妹妹是個美若天仙、嫻熟騎射、能歌善舞的美女。武宗見後非常喜歡，將其從宣府帶回了豹房而不顧她已有身孕，馬昂也憑此如願以償升官晉職。當朝臣見馬昂被任命為右都督後，紛紛上疏要武宗驅逐馬氏，以絕後患。武宗見事已至此，不得不逐漸疏遠馬氏。

正德十二年（西元1517年），在江彬的鼓動下，武宗朱厚照一行浩浩蕩蕩地來到宣府，開始大肆修繕鎮國府。從朱厚照稱之為「家裡」就可看出他非常喜歡鎮國府。朱厚照還下令將豹房內的珍寶、婦女運到鎮國府來。同年十月，蒙古小王子部叩關來襲，武宗朱厚照因一心希望建功立業，聞知此事非常高興，他親自布置，同小王子大戰一場。這是場十分激烈的戰鬥，明軍曾一度被蒙古軍分割包圍。正是朱厚照親率大軍援救，才使得明軍解圍。雙方打了大大小小百餘場戰鬥，期間武宗與普通士兵同吃同住，甚至還親臨前線殺敵，這極大地

鼓舞了明軍將士。最後,小王子見久攻不下,知道自己沒有勝算,便引兵西去,明軍取得了一場難得的勝利,史稱「應州大捷」。從西北凱旋的武宗朱厚照閒不得,又開始醞釀南巡。

正德十四年(西元1519年),寧王朱宸濠趁朱厚照荒於政事,效仿成祖朱棣發動叛亂。武宗朱厚照以此為由南下親征。然而,王守仁擒獲寧王的捷報在朱厚照剛到達河北涿縣時就傳來了。一心南巡的朱厚照執意向南,於是命王守仁不要北上獻俘,而是將朱宸濠重新釋放後,自己親自將其抓獲,然後大擺慶功宴以慶祝自己取得勝利。經過一番折騰後,朱厚照開始在江南肆意玩樂。正德十五年(西元1520年)九月,武宗在南巡途中於清江浦(今江蘇清江市)垂釣,不慎落入水中,雖被隨從及時救起,但身體受寒,從此一病不起。

正德十六年(西元1521年)三月,三十一歲的武宗朱厚照自知不久於人世,便對司禮監說:「朕疾不可為矣。其以朕意達皇太后,天下事重,與閣臣審處之。前事皆由朕誤,非汝曹所能預也。」沒過多久就病死於豹房,後葬於昌平天壽山陵區蓮花山東麓的康陵。

垂拱而治的明穆宗

　　道教方士在世宗的時代很受寵幸，大明江山也因此江河日下，皇儲之位沒有合適的人選。朱載垕歷盡重重考驗與困苦之後，在二十九歲時終於登上了皇位，他上任時恰逢盛年，雖然沉迷於酒足飯飽，美人佳餚，不過問政事，但由於朝堂之上賢人輩出，文有徐階、張居正、高拱、楊博，武有譚綸、戚繼光、李成梁，而且他對自己身邊的大臣都很信任，讓他們勇於進諫，各抒己見，因而這一時期不僅社會一直處於上升階段，百姓安居樂業，而且為大明王朝即將踏入繁榮時期起到了舉足輕重的推進作用。

　　嘉靖十八年（西元1539年）二月，長子朱載基不幸早逝，世宗朱厚熜，依照皇位繼承制度即太祖朱元璋確立的「有嫡立嫡，無嫡立長」，將次子朱載壑冊立為太子，同一時間也把朱載垕封為裕王。冊封當日，太監們疏忽大意地把冊封太子的聖旨交給了裕王朱載垕。也許冥冥之中自有天注定，這不是預示著朱載垕才是「真龍天子」嗎？到了嘉靖三十一年（西元1552年），皇太子朱載壑得病離世，年僅十七歲。這樣，朱載垕當上皇長子也是理所應當的事了。可是，皇位之爭是殘酷的，要想當上皇上，就要經歷一段痛苦的爭奪。

　　在嘉靖二十一年（西元1542年），世宗朱厚熜經歷了「壬寅宮變」，不想參與宮廷的鬥爭，移置西苑。他在西苑中煉長生不老丹，修身養性，希望自己能夠長活於世。由於前後痛失兩位愛子，心中痛苦無人能解，便逐漸聽信方士陶仲文的讖語，即「二龍不相見」。為此，他遠離了親生兒子，而且對冊立皇太子的事情也擱置不議。

　　嘉靖三十一年（西元1552年）九月，作為父親，考慮到兒子的終

身大事，世宗傳諭禮部，著手張羅皇三子（朱載垕）和皇四子（景王朱載圳）的婚姻大事。錦衣衛百戶李銘之女李氏由於才貌雙全，被選為裕王妃，暫住宮內。

嘉靖三十二年（西元1553年）二月，皇帝為剛滿十六歲的朱載垕迎娶了李氏，作為朱載垕的妻子，冊封她為裕王妃，與此同時，移居裕王邸，夫妻兩個人開始了自己的生活。

嘉靖三十三年（西元1554年），朱載垕之母杜康妃因病離逝，大臣們擬定把他母親按太子的禮儀進行安葬，嘉靖聞知此事後卻立即要求喪葬從簡。一年之後，朱載垕的第一個兒子出生，即為裕王妃所生，當然也是嘉靖的第一個孫子。喜得龍子本是一件普天同慶的大事，但是這個孩子是在裕王妃為母親守孝期間懷上的，嘉靖勃然大怒。按照明朝制度，皇子皇孫在滿月之時都要行剪髮禮，但是這個出生兩月的孩子卻未剪頭髮，當宮中有人提及此事時，嘉靖皇帝更是「怒而譴之」。

儘管朱載垕當儲君是眾望所歸，但他因母親失去皇上寵愛而遭冷遇，而他的弟弟景王朱載圳卻因母親受寵而有做皇太子的希望。從世宗對景王的偏愛中朝中大臣們領悟了個中秘密，為了謀一己之私，權貴大臣紛紛對景王阿諛奉承，溜鬚拍馬。因此，直到嘉靖三十九年（西元1560年）景王朱載圳才前往湖廣德安（今湖北安陸）就藩。

儘管朱載垕作為一個皇子擁有普通人沒有的一切，但是他也親眼見識了世間炎涼。世宗讓裕王府的老師如高拱、陳以勤、張居正、殷士儋等當時的名士教育他，朱載垕從老師口中學到很多課本上沒有的東西如嚴重的社會矛盾，尤其是嚴嵩專政，綱紀敗壞，貪污受賄，「南倭北虜」之患，百姓苦不堪言，大明王朝岌岌可危。

嘉靖四十五年（西元1566年）十二月十四日，世宗朱厚熜薨世。朱載垕於十多天後登基，即是穆宗，改年號隆慶。登基之初便將世宗

寵信的道士方士王今、劉文斌等人一併逮捕，打入大牢，秋後處斬。

　　隆慶元年（西元1567年），朱載垕在高拱、陳以勤、張居正等人的輔佐下，對冤假錯案進行平反，宣佈「自正德十六年（西元1521年）以後，至嘉靖四十五年（西元1566年）十二月以前，諫言得罪諸臣」，「存者召用，沒者恤錄」。如海瑞，朱載垕非但沒有追究他對世宗的大不敬之罪，反而將他釋放，官復原職，不久又把他提升為大理寺丞。為了革除迷信，朱載垕還降旨罷除齋醮，撤除西苑內大高玄殿、國明閣、玉熙宮及諸亭臺為齋醮所立之匾額。

　　當朱載垕即位的時候，他還繼續任用徐階擔任內閣首輔，但是，他對徐階在草擬「遺詔」的環節中漏掉了高拱、郭樸等非常失望。高拱作為裕王府的講官，德高望重，對朱載垕恩重如山。朱載垕即位後想報答自己的老師，但是高拱為人目中無人，與徐階發生矛盾之後，就以徐階草擬的遺詔有「謗先帝」為藉口彈劾誹謗他。最後迫於輿論壓力與百官的排擠，事情的結果竟是高拱引疾歸田。隆慶二年（西元1568年）七月，徐階也被迫辭官。

　　隆慶三年（西元1569年）十二月，高拱被重新起用，於次年當上首輔，大明第一宰輔張居正也在同一年正式入閣。張居正原來是徐階的學生，因此在政見上與高拱不合，由此他們之間的明爭暗鬥一發不可收拾。高拱再起後把當時遠近聞名的將領王崇古和譚綸推薦給朱載垕，朱載垕分別任命他們為宣大總督、薊遼總督。而戚繼光、李成梁都是譚綸的部下。朱載垕還任用曹幫輔為兵部侍郎，讓他和大將軍王陵都督宣府、大同，在西北邊防持重兵把守。

　　隆慶四年（西元1570年），因為家族內部原因，蒙古韃靼部落首領俺答汗的孫子把漢那吉下決心投奔明朝，俺答汗發動軍隊嚮明朝討人，宣府大同總督王崇古一直不肯出城迎戰。見多識廣的高拱和張居正經過精心策劃，決定以談判方式解決，於是派出使者與俺答汗談

判，終達成和議，明朝把俺答汗封為順義王，更是開創了在邊境地區開展互市貿易的先例。和議的達成使北方漢、蒙人民可以安心地從事農業生產，漢蒙兩族人民的交流就逐漸頻繁了。朱載垕革除浪費弊端，輕車簡從，粗茶淡飯，百姓很是稱讚這種做法，百官耳濡目染，也以身作則，節儉風氣大為盛行，人民的負擔也緩解了不少。

朱載垕在其盛年即位，正是大展宏圖的大好年齡，可是他和絕大多數帝王一樣，沉迷女色，對朝廷之事毫不過問，連上朝的回奏都是由大學士代答，對經筵之事漠不關心。早在隆慶三年時，大臣鄭履淳就直言不諱地上奏說：「陛下御極三祀矣，曾召問一大臣，面質一講官，賞納一諫士，以共畫思患豫防之策乎？高亢睽孤，乾坤否隔，忠言重折檻之罰，儒臣虛納牖之功，宮闈違脫珥之規，朝陛拂同舟之義。回奏蒙譴，補牘奚從？內批徑出，封還何自？」這些話句句戳進了他的心窩，但朱載垕聽了非但沒有龍顏大怒，而且也沒有給予鄭履淳罷官處置，因此，朝臣們都敢於上奏進諫。他重用徐階、張居正、高拱、楊博等，用人不疑實施「正士習、糾官邪、安民生、足國用」等新政。在整頓吏治方面，朱載垕對官吏進過嚴格審核之後才任用，即使很平常的官員也要審慎地考察。對於兩袖清風一心為民的官員給予獎賞和晉升，對於貪官則下獄充軍。在蠲免救濟方面，朱載垕為緩解百姓災後流離失所無家可歸的慘狀，減少土地兼併，頒佈了勳戚宗室依次遞減的政策法令。此外，對外經濟方面，朱載垕解除了海禁，放寬海外貿易政策的限制，將民間私人遠販的範圍擴大到東西二洋，史稱「隆慶開關」。關禁政策的放寬使明朝的對外貿易結構大大改善，海外貿易也出現前所未有的繁榮。

朱載垕因長期過著花天酒地的生活而毀了自己的身體。隆慶六年（西元1572年）四月二十五日，自知時日無多的他急召高拱、張居正及高儀三人入宮，授為顧命大臣，當年僅九歲的太子朱翊鈞的左臂右

膀，命他們忠心輔政。次日，載垕於乾清宮駕崩，時年三十六歲。陵寢安置於昭陵，廟號穆宗。

悲憤自盡的崇禎帝

　　朱由檢的父親朱常洛在歷史上被稱為「一月天子」，僅在位一個月就去世了，朱由檢和父親以及明熹宗朱由校都是明朝比較短命的皇帝。朱熹宗去世後朱由檢臨危受命，成為明朝歷史上的最後一位皇帝。朱由檢小時候的生活也是很不幸的，他的親生母親在他四歲時就去世了，因此，就被朱常洛送入西李宮中撫養，可想而知，他並不會得到來自母親的溫暖，因為他並不是西李的親生骨肉，因此西李對他並不是很重視，在西李宮中他很孤獨。沒想到，五年以後，他的兄長朱由校的母親王氏也病故了，於是朱由校也被朱常洛送到西李宮中，從那時起，他們就相依為命，朱由校十四歲，朱由檢九歲。到了萬曆四十八年的八月份，登基僅僅一個月的明光宗朱常洛就駕崩了。同年九月份，朱由校繼承大統，改元為天啟，他登基以後沒有忘記相依為命的弟弟，下旨將朱由檢改為東李照顧。因為東李的性格「仁慈寬儉」，可以給朱由檢最好的照顧。得益於兄長朱由校的照顧，朱由檢後來的生活環境不僅安定富足，並且還有好幾位翰林院的老師對他傾囊相授，朱由檢也很有出息，在學習方面的長進很大，琴棋書畫樣樣精通。

　　在西元一六二二年，年僅十二歲的朱由檢就被冊封為信王，但是他仍然住在皇宮，一直到天啟六年，朱由檢才搬到自己的府邸信王府居住。

　　到天啟七年，朱由檢已經十七歲，並且在那年實現了小登科，迎娶的信王妃是朝中掌握兵馬大權的城南兵馬副指揮周奎的女兒，信王妃也就是後來的周皇后。然而朱由校的好日子並沒有多久，在八月十

二日，僅在位七年的朱由校由於溺水後病情日漸加劇，他自己又沒有子嗣，於是就把信王朱由檢接到宮中，準備讓他來繼承大統。過了十幾天，朱由校就去世了，朱由檢順理成章繼承皇位，成為思宗，並且改元為崇禎，從此開始了他的手握大權的帝王生活。

其實晚期的明朝已經非常頹廢，所以朱由檢從朱由校手中接來的是一個千瘡百孔的爛攤子。明朝晚期的時候，一度出現了宦官專權的局面，一大批朝中官員都依附宦官，形成了明代危害最大的閹黨集團。當時權力最大的宦官就屬魏忠賢，他的勢力遍佈朝野，其親信田爾耕擔任錦衣衛提督，崔呈秀擔任兵部尚書。可以說魏忠賢掌握了皇帝的心臟。朝廷上下從內閣、六部一直到四方總督、巡撫，到處存在魏忠賢的死黨。因而朱由檢上臺首先要解決的問題就是閹黨干政的局面。而魏忠賢也想方設法地誘使思宗做一個荒淫無道的皇帝，然後可以像擺佈朱由校一樣來控制這位末代皇帝。出乎他意料的是，朱由檢並不和他的父兄一樣，他不愛戀美色，並且他也洞悉了魏忠賢的「良苦用心」。

不久，被魏忠賢視為左右手的崔呈秀請求辭官，其實是想藉此來試探朱由檢，沒想到朱由檢毫不客氣地抓準時機，乾淨俐落地准奏。同年的十月份，嘉興的一名貢生錢嘉徵上奏彈劾魏忠賢的十大罪狀，朱由檢藉此時機一紙詔書，把魏忠賢貶到鳳陽去守陵。魏忠賢在去往鳳陽的途中畏罪自殺，朱由檢就下令將他的屍體扔到山澗。然後他又「馬不停蹄」地將閹黨的二百六十多人，有的處死，有的貶到偏遠地區，有的終身監禁，使一度氣焰囂張的閹黨受到了釜底抽薪的打擊。在打壓閹黨的同時，他還平反冤獄，開始重新任用天啟年間被貶壓的官員。對官員進行全面考核，禁止建立朋黨，嚴令禁止朝廷大員結交宦官，這些及時有效的舉措使朝政有了很大改觀，使朝野上下和士民對朱由檢刮目相看，朱由檢也因此被人稱為「明主」，朱由檢的上臺

一度使江河日下的大明王朝看到了振興的曙光。

在西元一六二八年七月，袁崇煥在皇帝徵召下決心五年平定遼東地區。朱由檢非常高興，為了方便他行事，還特意賜他一把尚方寶劍。自此之後，遼東的局勢在袁崇煥盡心竭力的維持下有所緩和。但不久以後卻又發生了一起全國性的大災荒，致使陝西爆發了規模巨大的農民起義，於是朱由檢就任命洪承疇擔任三邊總督，對農民軍進行鎮壓。面對瀕危動盪的政局，朱由檢總是勵精圖治。每當遇到御前講習經史的時候，他總是洗耳恭聽，從來沒有表現出不耐煩，並且時常召對大臣，尋求治國的良策。他勤於政務事事親為。為了盡快讓王朝恢復生機，他廢除了為皇室服務的燒造、織造、採辦等一些無關緊要的官職，還停止了皇宮的一些花費巨大的土木營造，並且削減自己以及后妃們的日常開支。

在崇禎二年的十月，後金軍隊繞過錦州、寧遠一線，從薊門開始南下，進逼朱由檢的京師。十一月一日，京師開始嚴令戒嚴。袁崇煥就命令山海關的總兵趙率教率兵增援京師，自己也在十一月五日率兵進京。等到十一月十六日，當袁崇煥率領大軍到達京師廣渠門時，謠言四起，說袁崇煥和後金有約在先，他是故意指引後金軍隊侵犯京師。十二月一日，朱由檢在平臺接見袁崇煥、滿桂、祖大壽三人時，命令錦衣衛拿下袁崇煥，馬上投入獄中。

在西元一六三○年三月十六日，朱由檢命人把袁崇煥凌遲處死，釀成千古奇冤，使一名忠心耿耿的將領無辜喪命，也使得遼東的防衛幾乎崩潰。後來朱由檢又加派「遼餉」撫慰將士，然後增調重兵防守，全力進行防範，但都毫無作用。於是明朝丟失了唯一的東北屏障，八旗軍隊侵入東北大地，如入無人之境。同時，在陝西境內，擔任三邊總督的楊鶴對農民軍採取剿撫並用的策略，陝西的義軍李自成、王嘉胤、張獻忠、羅汝才等率領所部先後離開了陝西，渡過黃

河、進入山西地區，山西的饑民又群起響應號召。朱由檢對朝中的大臣極為不信任、不滿意，於是他開始高頻率地更換官員。根據統計，在朱由檢統治的十七年裡，先後一共替換了五十位內閣首輔，十七名刑部尚書。

在崇禎十七年的一月一日，李自成最終在西安稱帝建號，立國號為「大順」。然後分兵兩路北上。朱由檢又任命大學士李建泰擔任督師，出京抵抗大順軍，為了鼓舞士氣，朱由檢特意在平臺為將要代帝出征的李建泰舉行了一場「遣將禮」。但是明朝大勢已去，注定了滅亡的命運，三月十七日，農民起義軍包圍了京城。十八日的晚上，朱由檢和貼身太監王承恩一同登上煤山，遠眺城外的漫天烽火，不噤聲聲哀歎。回到宮中以後，朱由檢寫下一張詔書，命令成國公朱純臣率領諸軍、輔佐太子朱慈烺。又命令周皇后、袁貴妃和三個兒子進宮，簡單地囑託了他們幾句，就命令太監把他們分別送往宮外藏起來。他又和周皇后、袁貴妃泣別，眼睜睜看著她們自縊身亡。接著叛軍攻入皇宮，朱由檢又殺了兩位公主和幾個嬪妃，並命令左右催促張皇后馬上自盡。最後，朱由檢和貼身太監王承恩相繼上弔自殺，三十四歲而亡。四月初，李自成的大順政權派人把朱由檢和周皇后一起草草葬入昌平田貴妃的墓穴中。

叱咤後宮的后妃們

幫夫旺夫的馬皇后

　　明朝所有的文獻，對這位馬皇后的描述都是仁慈、仁厚、有智謀、極具判斷力，而且精力十分充沛，記憶力也很強。她父母很早就過世了，從小被紅巾軍首領郭子興收養，郭子興把她許配給了手下的奇才朱元璋。就這樣，馬秀英既是叛軍領袖、又是開國皇帝朱元璋的一個不可或缺的賢內助。史料記載，她不管在顛沛流離時還是貴為皇后時，都經常穿著比較粗糙的衣服，有的還是補了又補。當國家遭受饑荒瘟疫，她就開始不吃葷，並且每天祈禱。她一直都保持著中華傳統的美德，她經常告訴自己的孩子們，要養成節儉樸素的生活方式，不要貪圖享受。

　　馬皇后一有時間就給六宮的嬪妃講解禮儀和規矩，要求她們理解《列女傳》，而且讓她們討論。馬皇后認為：「孝慈就是仁義。」所以她公開朗讀《小學》，並讓朱元璋大力宣揚這本書。瞭解明朝歷史的人都知道朱元璋是性子很急而且脾氣很大的人。西元一三八〇年二月因為胡惟庸的案子，就有多達一萬五千多人被處死。又比如，一三九三年三月徹查藍玉謀反案，有大大小小兩萬多官員受到牽連，輕者被流放邊關，重者就直接被處死。不過，馬皇后經常在朱元璋身邊委婉勸說，也救了不少人。像和州參軍郭景祥的獨子，宋濂和他的孫子宋慎，吳興的大富翁沈秀等無數官員，都是因為她的諫阻，才有幸活了下來。

　　一次，馬皇后聽說太學的學生有幾千人，她就擔心學生的家人沒法得到照顧，所以提出建議，設立了「紅板倉」來儲存糧食，遇到乾旱，就用這些糧食補貼給學生們的家裡。後來馬皇后又聽說朱元璋正

派人尋找她的家人，要賜給他們一官半職，她立刻回絕了，並氣沖沖地對朱元璋說：「這是徇私枉法的事。」

西元一三八二年秋天，馬皇后得了重病，臥床不起。文武百官都奏請皇帝為皇后祈禱，可是馬皇后卻說：「人的生死是注定的，祈禱又有什麼用呢？」後來病情越來越重，九月，剛剛過了五十歲的馬皇后就過世了，按照當時的禮儀，所有皇室成員都要為皇后穿三年喪服。朱元璋當時難過不已，因此，他下令改掉《儀禮》的喪服傳統，改變了一直以來父尊母卑的傳統。這一做法在全國一經實行，所有人對父母的定位都有了新的認識，也對千百年來中國的禮儀標準有了新的規定。

在馬皇后過世後的第四十四天，一輛裝飾華麗的馬車載著她的靈柩來到了風景秀麗的鍾山，將她安葬在了孝陵。朱元璋決定從此不再冊立皇后，並令人常駐陵墓，每天要點燃蠟燭，確保陵墓中的香火永不熄滅。在馬皇后去世一年的儀式上，他們還要穿著特製的衣服，為皇后哀悼四十九天。

西元一四○二年，馬皇后的四子朱棣繼承了皇位，他立即下令為母親追加「孝慈高皇后」的稱號，並讓翰林學士解縉為馬皇后撰寫了一篇讚頌她的傳記。到了一五三九年，嘉靖皇帝即位，他也給馬皇后追加了諡號，對她的評價是：孝慈貞化哲順仁，徽成天育聖至德高皇后。

西元一三九八年六月二十四日，朱元璋去世。六天之後，這位明朝的開創者，開國皇帝的靈柩也在鍾山的孝陵下葬，和馬皇后葬在了一起，這也是他的願望：和自己心愛的人永遠在一起。

有乃父之風的徐皇后

朱元璋的四兒子朱棣在一四○二年夏天奪取了皇位，成了永樂帝，立即下令把建文四年改成洪武三十五年，這樣一來就讓朱允炆成了一個篡位者。而且所有明代歷史文獻都記錄了不少有關永樂妻子徐皇后的功德，大肆宣揚明朝第二位皇后的好，想讓她成為中國傳統的仁慈、厚德的典範。

徐皇后的父親是和朱元璋一起打江山的徐達。徐達被封為「中山武寧王」，享有歲祿五千石，又兼太子少傅，在明朝所有將領中他是排在第一的。很顯然，這次婚姻的背景是政治，是為了讓朱、徐兩家關係更緊密，後來徐達的另兩個女兒又分別許配給朱元璋的十三子朱桂和二十二子朱楹。西元一三七六年，還未滿十五歲的徐家長女就和比她大兩歲的朱棣成了親，很快就被冊封為燕王妃，一年半以後，徐氏就生下了他們的長子朱高熾，就是後來的仁宗洪熙皇帝。一三八○年又順利產下次子朱高煦，在這之後她又生了一個兒子朱高燧和四個女孩。長女永安公主嫁給了戰功赫赫的袁容，次女也和另外一個傑出的將軍李讓結了婚，而另外兩個小一點的女兒，也分別嫁給了兩個將軍。在所有的記載中，燕王妃都是溫柔善良而且博古通今的形象，而且十分受長輩寵愛。每次朱元璋召見朱棣時，都會仔細問一問燕王妃的情況。但在燕王妃的血液裡，還有和她父親一樣的性格。「靖難」內戰在西元一三九九年八月六日打響。十一月中旬，李景隆率領三十幾萬大軍把北京城包圍起來，並開始炮擊城南的麗正門（後改名為正陽門）。在危急時刻，燕王妃開始動員士兵的妻女來幫助守城的將軍李讓，按照燕王寫的作戰手冊，向敵軍投擲硝灰瓦石，不斷給城牆灑

水，因為很低的氣溫讓水很快結成了冰，讓敵人很難往上爬，北京城這才得以保全。

西元一四○二年十二月五日，徐氏正式被立為皇后。之前的三天，徐皇后就開始齋戒沐浴，並向上天祈禱。正式開始的時候，穿著衛甲的儀仗隊整齊地站在兩旁。這時候皇帝朱棣在華蓋殿換衣服，翰林院的官員在詔書上蓋好了皇帝的玉璽，樂鼓三響，皇帝身著袞冕來到奉天殿。所有的執事官和文武百官都站在大殿之上，高奏音樂。在執事官向皇帝奏明，宣讀詔書之後，音樂停止，年紀不到四十一歲的徐皇后從內使監令的手中接過詔書，給皇帝跪拜行禮。這時候正副使大聲宣佈「皇后受冊禮畢」，音樂在這時候又響了起來。徐皇后在受封之後，接受皇帝、郡王、文武百官、宮內侍人的祝賀。禮部這時候就派人去承天門宣讀詔書，讓老百姓知道新皇后的冊立消息。第二天又要舉辦大型宴會。這樣一忙就是五六天。

對中國歷史很瞭解的徐皇后，經常會幫丈夫宣揚一些綱常名教，以此宣導中華傳統道德觀念。她以自己的名義發放了明朝內府書籍包括有三卷的《古今列女傳》、二十篇《內訓》和二十篇《勸善書》。《勸善書》的目的就是讓「天下之民，咸趨于忠，興於孝，悖信友弟，篤厚其性，而不為媒薄之行」。徐皇后一直認為：「仁者善之所由生也，善者福之所由基也。是故，求福莫大於為善，省己莫嚴於知戒，用是輔仁，其或庶幾。……修善蒙福，積惡蒙禍；善惡之報，理有必然。」

除此以外，徐皇后還寫了一部和佛教大功德有關的佛經，書中寫到她和慈悲的觀世音菩薩有過心靈的交流。她甚至用神的語氣說，觀音許諾，十年之後會再和她見面。一心向佛的徐皇后還告訴她的宮女們如何向佛像行禮，怎樣做佛事。到了萬壽聖節、元旦、中元這些節日，她還經常邀請高僧尼姑來到宮中做法事祈禱。

徐皇后於一四○七年夏天在南京病逝，享年四十六歲。永樂皇帝親自為她加殮，並在靈谷、天禧二寺大齋，還決心從此不再冊立新的皇后。後來有人縱火燒毀了天禧寺，永樂皇帝就下旨把天禧寺的所有僧侶一併收容到旁邊的報恩寺，再著手修建一個新的由二十幾座寶殿組成的特別龐大的寺廟，將它命名為「大報恩寺」。在寺廟的正中間，修建一座五色的琉璃寶塔，把這個寺院當做紀念徐皇后的永久塔寺。紀念徐皇后的寶塔共有九層、八面，足有三十二丈九尺五寸之高，八個面都是用白石和五色琉璃磚砌成的，簷角懸掛著風鐸，塔頂還放有金球，這可算是一座規模雄偉、金碧輝煌的絕世寶塔。但這座寶塔在西元一八五三年太平天國運動的時候，被洪秀全一把火給燒掉了。

不過早在西元一四○七年的夏天，永樂就做出了把國家首都遷到北京的決定，而且也選擇了北京北方大約五十公里的天壽山南麓，作為大明朝今後的墓地，這就是現在人們所熟知的明十三陵。徐皇后陵寢在西元一四○九年開始動工，用了四年才完工，完工後永樂皇帝就把她的棺柩從南京搬到了北京。而永樂帝本人也在西元一四二四年八月十二日在內蒙古的榆木川駕崩，他被葬在了長陵，也就是天壽山的正中央。西元一四二七年長陵終於建造完成，永樂皇帝和他心愛的妻子徐皇后就這樣永遠地在一起了，徐皇后後來被尊諡為「仁孝慈懿誠明莊獻配天齊聖文皇后」。值得一提的是，永樂皇帝死後的短短幾天裡，有三十多個宮女，還有永樂的十六個妃嬪，都按照禮數的要求，上弔自盡身亡，永遠陪伴著皇上。但是安葬她們的地方，反而沒有什麼人知道。

女中堯舜張皇后

　　西元一四〇四年夏天，永樂皇帝立了朱高熾為東宮太子，但是，朱高煦始終耿耿於懷，一直暗中設法傷害他的兄長。朱高熾遇到這些煩心事的時候，知書達理的張氏就會引用歷史故事讓丈夫寬心。丈夫的一日三餐她都會親自調理，幫助丈夫減肥。西元一四二四年八月十二日，永樂皇帝在榆木川生了重病，生命危在旦夕，他急召英國公張輔來到身前，命他起草遺囑，傳位皇太子。一切喪葬禮儀，都遵照太祖的方法來辦。朱高熾繼承皇位，帝號洪熙仁宗皇帝，但不到八個月，他因為健康原因，也離開了人世。

　　朱高熾洪熙皇帝的死不光是因為體胖多病，另一個原因就是他的房事過多，身體十分虛弱。據《明史》所載，洪熙帝在為父守喪期間，就派人不遠萬里到福建去尋找美貌的處女，為他的後宮做準備。有一個叫李時勉的翰林侍讀為此向他諫言，洪熙皇帝十分氣憤，西元一四二五年五月二十二日，他召見李時勉，然後下令讓侍衛用金瓜抽打他十七次之多，以致李時勉的三根肋骨被打斷，還被送進了大牢。在《明實錄》中還記載著，在西元一四二四年間，朝鮮李氏王室向洪熙帝進貢了二十多名貌美的女子和很多女廚師來服侍朱高熾。在明朝所有的皇帝中，朱元璋的子女最多，一生有二十六個兒子和十五個女兒，成化帝朱見深生有十四個兒子與五個女兒，朱高熾排在第三，總共生了十個兒子與七個女兒。

　　張氏成了寡婦，對政治從不關心的她，不得不讓出皇后的位子給她的兒媳胡氏，她也順理成章地成為了皇太后。在之後的日子裡，張皇太后日夜為她的兒子朱瞻基擔心，她怕這位二十六歲的皇帝過得不

夠安穩。西元一四二六年九月初，父親和兄長兩位皇帝都離開了人世，朱高煦終於向姪子朱瞻基開戰了。皇太后張氏得知以後，去尋求有德行、有才幹而且精明老練人稱「三楊」的內閣大學士楊士奇、楊溥、楊榮與吏部尚書蹇義來對付朱高煦。僅用了短短三個星期的時間，從西元一四二六年八月二十八日到九月十七日，朱高煦的所有叛變活動就被平復。朱高煦和他的兒子也因此被貶為庶人，監禁在北京的西安門，直到離開人世都沒有被釋放。

朱高煦被處置之後，國內一片安寧，所有親王的權力都被大幅削減，只能用政府發放的俸祿，明朝也從此變得和諧平靜。放眼望去，整個明朝，在朱瞻基在位的十年可以說是天下太平。在很大程度上，這些成就都要歸功於「女中堯舜」皇太后張氏的善解人意和明辨是非。只可惜朱瞻基宣德帝和他的父親一樣，也是個好色之人，也對朝鮮美女特別喜愛。又因為孝順的他知道母親張太皇后特別愛吃朝鮮的嫩豆腐，所以他多次派人去朝鮮挑選年輕貌美的少女來擴充他的後宮。因為怕在歷史上留下記載，所以他交代那些派遣到朝鮮的宦官，所有事都要口頭提出，不可以有任何文字的記載。讓他沒想到的是，朝鮮竟然把和明朝所有的交往事件全部做了書面的記載。

依據《朝鮮王朝實錄》西元一四二六年四月的一則記載，朝鮮的李氏王朝第三任國王世宗大王在宣德皇帝登基的第一年，就向大明進貢了一批處女、太監、女廚師還有各種稀奇的動物。還有這樣一條記載，宣德皇帝親自挑選了七位美女、十位女廚和十六名女僕，而且還挑選了十名年紀輕輕的男性閹人，這一行四十餘人西元一四二九年八月從漢城出發，十月來到了北京宣德皇帝的身邊。除此之外，宣德皇帝還曾在西元一四二八年十一月派出官員去朝鮮，向朝鮮強行索要一個女孩，據說這女孩是朝鮮最漂亮的。從西元一四二九年開始，直到宣德皇帝駕崩，朝鮮國王始終沒有停止向北京進貢美女、廚師和僕

人，甚至還有朝鮮的各種美食。

宣德皇帝登基後的第三年，張太后去西苑遊玩，宣德皇帝的眾多妃嬪一同前往，陪著太后在萬壽山賞景野餐。第二年清明的時候，皇太后十分想念先帝，要去天壽山給永樂皇帝和洪熙皇帝燒香祈福，而且要掃墓。朱瞻基知道後馬上吩咐下去，讓軍隊護送，而且親自送母親出紫禁城，一直護送到清同橋才肯與母親分手道別。一路上，所有的百姓都夾道行禮，太后遇到此情此景，心情特別舒暢。回宮之後，皇太后要求她的兒子宣德皇帝作一篇〈賞春賦〉，裡面記錄了她一路上的所見所聞。

天有不測風雲，西元一四三五年一月三十一日，只有三十六歲的宣德皇帝突然暴斃，死在了乾清宮，他八歲的兒子朱祁鎮登上皇位。有一些多事而且想得到青睞的大臣希望張太后能垂簾聽政。張氏考慮到明朝的祖宗家法，沒有答應他們，但她表示願意出面擔任新皇帝的監護人。從此以後的事都由皇帝做主，但極其重要的事情還是要先得到太后的認可，然後才能由內閣做決議。同時，為了平定內部，張氏還給她的哥哥寫了正式書信，告誡他要循禮法、修恭儉，任何時候都不能干預政治，而且只能在每個月的初一和十五來給皇帝請安。除此之外，太皇太后張氏要求自己的子孫們要認真讀書，要謹記勤勞二字，宮中那些好玩的和沒什麼必要的活動，全部被她禁止了。

雖然太皇太后對她的子孫十分嚴苛，要他們時時刻刻奉行勤勞仁政，可那年幼貪玩的正統皇帝，還是每天和貼身太監王振嬉戲打鬧。《明實錄》上記載，西元一四三七年元宵節的時候，太皇太后張氏召了英國公張輔，大學士楊士奇、楊榮、楊溥，還有禮部尚書胡淡五位德高望重的老臣入朝，在他們面前，讓王振俯下身子。這時太皇太后身邊跑出來很多帶刀侍衛，把劍死死地壓在了王振脖子上。時年五十六歲的太皇太后張氏十分嚴肅地對坐在她西側的正統皇帝說：「以後

任何國事，如果沒得到這五位重臣的認可，都不可以實施。」又轉過
身十分嚴厲地斥責王振：「以後不管是誰，只要是敢干預朝政的話，
絕對一個都不會放過。」這件事過去五年後，太皇太后張氏去世，依
照先帝遺願，她和丈夫朱高熾合葬在獻陵。不久之後被追認為「誠孝
恭肅明德弘仁順天啟聖昭皇后」。又過了許多年，各位老臣也一一離
開了人世，正統皇帝這才敢公開提拔他的「老師」王振，讓他成了級
別最高的「司禮監太監」。

機警端莊的孫皇后

　　宣德皇帝朱瞻基的元配皇后其實姓胡名善祥，是山東濟寧州胡榮的第三女，西元一四二五年夏天就早早地被立為皇后。這位皇后性格溫和，十分賢慧，但體弱多病，一直沒能生下一子。肚子不夠爭氣的胡氏，在西元一四二七年的春天就失去了皇后的位置，搬出坤寧宮，閒居在長安宮，賜號靜慈仙師。雖然待遇不變，但從此沒再見過皇上一面，西元一四四三年底，在鬱悶中離世，死後也沒能和皇帝葬在一起，只是依照嬪的規格葬在金山。

　　相對而言，孫皇后就要比胡皇后要幸運得多了。宣德皇帝即位之後，封胡氏為后，而孫氏只是貴妃。其實孫貴妃也遲遲沒有生育，不過她很有心計，她把一個隨身宮女跟宣德所生的男孩收養過來，起名朱祁鎮。宣德皇帝聽聞後很高興，在西元一四二八年二月二十日，朱祁鎮剛滿三個月，宣德皇帝就迫不及待地把這個嬰兒立為東宮太子。接著又廢掉了原配皇后胡氏，太子的母親孫氏也順理成章成了皇后。孫氏成為皇后不到八年，宣德皇帝就駕鶴西去了，於是，她的兒子朱祁鎮在八歲的時候就繼承了皇位，成了正統皇帝。年紀輕輕，姿色依然出眾的孫氏成了皇太后。

　　一晃十四年就過去了，這時正統皇帝誰的話都聽不進去，只聽信王振的一面之詞，在大臣們反對的情況下，在西元一四四九年八月他親自帶領五十萬大軍，向北進軍大同，想給蒙古瓦剌部隊首領也先一些警告。可沒想到的是，大明軍隊剛到現在的河北省懷來縣就遭到了也先蒙古騎兵的重重包圍。更加嚴重的是，正統皇帝也在戰爭中被俘。正統皇帝被俘的消息很快就傳到了北京，宮中朝廷頓時一片混

亂，有膽小的人立刻提出遷都南京。這時孫太后顯得很沉穩，聽取了侍郎于謙的意見，決定一直守在北京，並讓正統皇帝同父異母的弟弟朱祁鈺出面擔任國監，以安撫天下。

正統皇帝被俘的那段時間，孫太后一直掛念著自己的兒子，經常會寄去貂裘等生活用品給他，還經常會派人到北方打聽兒子的消息。與此同時，蒙古內部爭端又起，韃靼部族與瓦剌部族發動了戰爭，戰爭又致使瓦剌部族產生了內部矛盾。在這樣的情況下，也先沒有辦法，只好放了正統皇帝。

長途奔波回到北京後，他發現朱祁鈺成了景泰帝，自己很快被幽禁在京城一角的南宮中，在南宮一待就是七年。正統皇帝在如此窘迫的情況下，只有母親孫皇太后依然樂此不疲地保護著他，想盡辦法幫他出來。景泰帝身體一直不好，有一天他的病情突然惡化，正統皇帝的人馬在西元一四五七年二月十一日終於尋找到了機會，沒有發動流血衝突就幫助正統復辟，改帝號為天順。孫太后了卻了自己最大的一件心事，心滿意足地又活了五年才撒手西歸，而且她如願以償地跟丈夫宣德皇帝葬在了一起，就是在天壽山的景陵，謚號為「孝恭懿憲慈仁莊烈齊天配聖章皇后」。這位孫太后的一生可以說沒有留下一點遺憾。

陰險狠毒的萬貴妃

　　明朝得寵的妃子不計其數，但要是論起離奇，想必沒人能比得上明憲宗的愛妃萬貴妃。她比皇帝要大十九歲，但她卻牢牢佔據了丈夫的心，並得到了一生的寵幸，這也讓其它人十分不解，唯一能解釋的就是萬妃具有各種與眾不同、風騷入骨的狐媚手段，這樣說來，萬貴妃倒也真是個有魅力的女人。

　　明憲宗朱見深繼承皇位時只有十七歲，正是意氣風發的時候。兩宮太后為憲宗挑選皇后可真是費盡了心思。英宗在生前就給兒子選定了十二名淑女，兩位太后再次仔細挑選，選了王、吳、柏三人作為候選留在宮中，準備進一步考察。憲宗的生母周太后下令讓司禮監牛玉在這三人中選一個給憲宗。牛玉反映說先帝在時對吳氏和王氏印象不錯，這二人姿色相當，論美貌不分上下，但相比起來，吳氏似乎更賢淑一些。周太后聽後就直接把吳氏定為了新的皇后，錢太后也沒有太多的意見。

　　但在結婚之後，皇帝並沒有為吳皇后的美色所動，而是經常和嬪妃萬氏在一起，皇帝的這一舉動讓吳皇后十分氣憤，她很不解，不明白自己什麼地方不如萬妃，無論是姿色、才學還是修養，這萬妃怎麼也比不上自己，更讓她不解的是，這個比皇帝整整大了十九歲的女人到底是怎麼把皇帝的心拴住的呢？

　　其實，皇帝在結婚之前就已經和年過三十的宮女萬貞兒有了感情。萬貞兒原籍是青州諸城人，父親萬貴是縣衙掾吏，因為犯罪被流放。四歲的萬貞兒只好進宮為奴，十幾年後長得美麗動人。孫太后十分喜歡她，就讓她在紅壽宮處理服裝衣飾這類事情。年幼的憲宗經常

到祖母那裡玩，萬貞兒就帶著他四處嬉戲，感情就越來越好，就成了莫逆之交。貞兒是個有心人，為了有朝一日能出人頭地，對憲宗是格外的好。

天順六年，孫太后病死，十五歲的太子就趁機把萬貞兒要到自己身邊成了貼身侍女。儘管貞兒當時已經年過三十，但她仍保留著處女之身，而且姿色尚好，看上去也就像二十歲的樣子。她使出各種狐媚手段把太子的心勾了過去，兩人更是偷偷幹起了風流韻事。

憲宗即位後，心裡就想著萬貞兒一人。按他的意願，是要把萬貞兒立為皇后的，但是，她比自己大十九歲，又是地位低下的宮女出身，想要成為皇后，那幾乎比登天還難。受禮節所限，也迫於母命，憲宗只好和吳皇后結了婚，至於他心愛的萬氏，只能賜給她一個妃嬪的名號。

萬貞兒心有不甘，因為她知道，這時的憲宗，心早就在她這裡。她心想，只要皇帝能下定決心，她完全可能成為皇后。倚仗著皇帝的萬般寵愛，她根本不把吳皇后放在眼裡。大婚之後，皇帝經常在她身邊，兩個人朝夕相處，十分相愛，這也使她越發地驕橫。所以，她每次去拜見皇后時，總是板著一副臉，有時還會故意拿架子，這讓吳皇后十分生氣。起初礙於憲宗還是能忍就忍，到後來實在忍無可忍，就開始斥責萬氏無理。可萬妃不但沒有收斂，而且越發地變本加厲。一次真的惹怒了皇后，命宮人把她按在地下，親自動手打了她幾下。這下真是不得了了，萬妃跑到皇帝那裡哭個不停。憲宗勃然大怒，非要去找皇后。萬妃十分有心機，假裝攔著憲宗不讓他去找皇后，說道：「臣妾年歲已大，不及皇后天生麗質，還請陛下命妾出宮，免得皇后生氣，臣妾也省得受那杖刑了！」

這時的憲宗很傷心，慢慢解開萬妃的衣服，看著她那白嫩的皮膚上一道道被抽打的痕跡，不由得氣憤起來，並發誓：「此等潑辣之

人，我若不把她廢去，誓不為人！」第二天一早，憲宗就去找了兩宮太后，說吳皇后不守禮法，不應居六宮之首，執意要廢除她。錢太后不便評論，周太后則勸道：「立為皇后短短一個月就廢除，這還不讓人笑話？」但憲宗執意要廢，周太后拗不過兒子，只能聽他的。於是，廢后的詔書立刻下達，吳氏退到了別宮，而且還把司禮監牛玉罰去種菜。

萬妃想接替后位，想讓憲宗替她找太后說說，但周太后認為她年紀太大，而且出身卑賤，始終沒有答應。兩個月之後，周太后下旨，讓憲宗立賢妃王氏為皇后。但這位王皇后膽小怕事，她知道皇帝只愛萬妃，而且自己也不是萬妃的對手，只能處處小心忍讓，成了個傀儡皇后。

成化二年，萬妃生下一男孩，也是憲宗的長子。憲宗大喜，立即封她為貴妃，還派出使者到處祈禱。但天有不測風雲，這位皇子還沒滿月就夭折了，萬貴妃不能再生育。但她並沒有放棄對皇后位置的爭奪，所以她特別牴觸別人生子，要是知道哪個妃嬪懷胎，她就想盡辦法讓人家喝藥打胎。因為萬貴妃的勢力很大，妃嬪們也只能委屈服從。

幾年過去了，憲宗一直沒有孩子，宮廷上下都為他擔心。大臣們多次上奏，希望皇帝廣施恩澤，憲宗為此也很著急。到了成化五年，柏賢妃終於生下一個皇子，憲宗高興極了，大肆慶賀，給孩子取名祐極，封為皇太子。誰知第二年二月，太子突發急病，太醫們毫無辦法，一天後太子不幸夭折。憲宗真的是悲痛難忍，所有人都覺得這孩子病得有些蹊蹺，便偷偷去查，最後得知是萬貴妃下的毒手。但是，誰也沒敢去告發。

光陰似箭，很快又過了六年。此時的萬貴妃依然居高臨下，而且把手伸向了朝廷，就連憲宗都拿她沒辦法。她勾結宦官和大臣，太監

梁芳、錢能、鄭忠、汪直等都為她辦事，借朝廷之名，大肆搜刮。

　　一天，憲宗實在想要一個孩子，召了太監張敏給他梳理頭髮。照鏡子時，忽然發現頭上多了幾根白髮，不由地感歎道：「朕老了，尚無子嗣！」張敏一下子跪倒在地，趕忙磕頭說：「請皇上您恕罪，奴直言相告，您已經有子了！」憲宗聽了很吃驚，連忙問道：「朕什麼時候有了孩子？」張敏趕忙說：「奴才怕說出來性命難保。萬歲爺您可要保住皇子，我死而無憾！」一旁的司禮太監懷恩立刻跪下說：「張敏說的都是真的。皇子現在被養在西內密室，已經六歲。因為怕招來災禍，所以沒敢上報。」憲宗十分驚喜，立即傳旨去了西內，讓張敏安排他和皇子前見面。

　　皇子是哪來的呢？原來，成化三年，西南戰亂，朝廷出兵，勝利之後，把被俘的人帶到了京城。其中有個姓紀的女子，是賀縣一官員的女兒，因長相可人，所以讓她進了宮。因為她為人很好，又有文采，當上了女史。不久，王皇后看上了她，讓她來管理內府。

　　一天，憲宗偶然間來到內府，問了她很多問題，她都對答如流，憲宗很高興。又因為她生得十分美麗，憲宗就召幸了她。幾個月之後，紀氏就懷孕了。萬貴妃知道了這件事十分生氣，派了一個宮女到內府去打聽情況。還好那個宮女心好，不希望皇子受傷害，回來報告貴妃說，紀氏只不過是脹肚。萬貴妃還是不信，就下令讓紀氏搬出內府，讓她和自己住在一起，以便隨時關注。

　　又過了幾個月，紀氏生下一個男孩。本應高興的紀氏卻十分擔憂，她知道萬貴妃容不下自己的孩子，孩子不死，可能自己的性命也難保。她強忍悲痛，讓門監張敏把孩子帶出去淹死。張敏抱過皇子也很難過，他知道皇上年紀大了，幾個孩子不是死在胎中，就是早早夭折。皇上至今沒有孩子，他怎麼能對得起整個皇室呢？所以他冒著被殺頭的風險，偷偷把皇子藏在密室，取來一些食物和點心餵養。由於

張敏格外小心，躲過了萬貴妃那無處不在的耳目。不久，廢皇后吳氏得知此事，就把皇子接到自己身邊，細心照料，皇子這才得以存活下來。

現在，紀氏聽說憲宗要見皇子，和兒子抱頭痛哭，說道：「今日我兒一去，我恐怕性命難保！兒去，若見一穿黃袍，有鬍鬚的人，便是兒的父皇，兒拜見他吧！」說完替兒子換上一件小紅袍，抱他上轎子，在張敏等的護送之下離開。

這時，憲宗正焦急地坐在堂上等著，轎子停在了宮門口，小皇子穿著紅衣，跳下轎子直奔大堂，一見到皇上，立刻給憲宗請安，雙膝跪地，說道：「兒臣叩見父皇。」憲宗又喜又悲，眼淚很快流了下來，把兒子攬入懷裡，放在腿上仔細端詳了很久才小聲說道：「這孩子確實像我，一定是我的兒子！」

憲宗派人去內閣通報，並把事情一併說清。大臣們都很高興，第二天早朝都來向憲宗道賀。憲宗還起草詔書昭告天下，冊封紀氏為淑妃，讓她搬進西內。可是六歲的皇子還沒名字，憲宗又組織內閣給皇子起名祐樘。

大學士商輅卻一直擔心小皇子會和太子的命運一樣，但又不敢直說，只建議應該讓他們母子住在一起，以便照顧。憲宗批准，讓淑妃帶皇子住進永壽宮，他自己自然也經常到那裡和淑妃歡聚。此後，憲宗開始大膽地和其它妃子歡聚，不久又多了幾個兒子。

皇宮此時十分和諧，只有萬貴妃過得不開心。她總是不停地抱怨，說這些人一起欺負她，她絕不善罷甘休！這年六月，淑妃突然暴病身亡。她究竟是怎麼死的，沒人敢過問，但大家心裡都明白。憲宗也沒追究，只是要厚葬淑妃，並謚她為「恭恪莊禧淑妃」。張敏得知淑妃已死的消息，知道自己難逃毒手，吞金自殺。

萬貴妃一心想除去朱祐樘，可是不那麼容易。周太后為了保護孫

子，把祐樘從憲宗那裡要了過來。不久，祐樘被立為太子。一天，萬貴妃請他去玩，周太后自然知道她沒安好心，便叮囑孫子，到那什麼都不要吃。到了萬貴妃宮中，萬貴妃又拿餅又拿羹湯，機靈的小皇子問道：「這裡面有毒嗎？」萬貴妃半天沒說話。

從那以後，萬貴妃只要有機會，就鬧著要憲宗廢掉太子，另立邵宸妃的兒子朱祐杬。儘管那時的萬貴妃年近六十，可憲宗還是離不開她，只好聽她的。

第二天，憲宗找到司禮太監懷恩，懷恩極力反對，憲宗竟很生氣，直接貶他去守皇陵。憲宗正在商議此事時，東嶽泰山突發地震，憲宗就以廢太子會惹怒上天為名，不需再提此事，這才保住了可憐的太子。

萬貴妃一直費盡心機，卻沒得到想要的結果，難免不能接受，不久便得了嚴重的肝病在成化二十三年去世。萬妃一死，憲宗就像丟了魂一樣，淒然地說：「貴妃一去，朕亦不久於人世了！」他親自主持萬貴妃的葬禮，而且七天沒有上朝。沒過多久，一直鬱鬱寡歡的憲宗也得了重病，找他的萬貴妃去了。

萬貞兒，這個卑微的宮女，一個半老徐娘，竟然能牢牢拴住皇帝的心，成了一個無名有實的皇后，其中的原因沒人知道。至於憲宗之前的兩任皇后，一個剛剛結婚就守了活寡，一個則當了一輩子的傀儡。

因為孫子而尊貴的邵妃

　　成化帝朱見深除了朱祐樘以外，還生有十一男六女。朱祐杬就是宸妃邵氏所生。朱祐杬生於西元一四七六年七月二十一日，比祐樘整整小了六歲。邵氏的父親邵林是昌化人，當時家裡困難，不得不把女兒賣給了杭州鎮守太監，因為這樣邵氏得以讀書認字。而且她還是個美人胚子，很有姿色，所以被選進了宮。她兒子朱祐杬剛滿十歲的時候，就被成化皇帝封為了興王，也就是後來的興獻皇帝，嘉靖皇帝的父親。依照《皇明祖訓》規定，興王在西元一四九四年搬出京城，定居在湖廣的安陸皇莊。他的生母邵氏不能跟他生活在一起，必須留在紫禁城裡陪著成華皇帝。邵氏也常常感歎道：「只要女人進了皇宮，人生就變得沒趣味了，就連日常起居都沒有自由。」

　　興王朱祐杬的哥哥朱祐樘繼承皇位之後，對其它的妃子沒什麼興趣，結果只和皇后有兩男三女。長子朱厚照生於西元一四九一年十一月十四日，次子是在西元一四九五年出生的，但一年後就夭折了，所以朱厚照成了皇帝唯一的兒子。值得大家注意的是，此前三朝所立的太子，都不是嫡系，但朱厚照的生母是當時唯一的皇后，而且他的生辰又是農曆干支的「申酉戌亥」，一般算命的人都會認為這是絕好的命。他出生後，的確十分優秀，弘治皇帝對他喜愛有加，還不到兩歲的他，就被立為太子。西元一五○五年六月十九日朱厚照登基，成了正德皇帝，這時的他也只不過十四歲。在位一共十六年，正德帝始終不務正業，雖然在全國徵集美女，後宮佳麗無數，但始終沒有孩子。西元一五二一年四月二十日，年僅三十歲的正德皇帝駕崩，當時他沒有兄弟，更沒有子嗣。所以張太后和內閣大學士楊廷和決定由興王的

兒子朱厚熜繼承皇位。

　　西元一五二一年五月二十七日，朱厚熜來到北京登基，他成了明朝第十一位皇帝，帝號嘉靖。他的祖母就是之前提到的邵貴妃，這時的她眼睛已經失明，可這位年邁的老人還是替孫兒高興，從頭到腳撫摸著這位還不到十四歲的新皇帝。嘉靖馬上尊封邵氏為皇太后，並給了邵氏的弟弟邵喜「昌化伯」的稱號。西元一五二二年的冬天，邵氏安然離世。三個月以後，嘉靖想把他祖母的靈柩葬在茂陵，讓祖母和祖父成化帝在一起，但內閣大學士楊廷和十分反對，他的理由是祖墳不能隨便挖掘，因為大興土木，會讓祖先的靈魂不安。但是生性固執的嘉靖帝沒有聽從楊廷和的意見。西元一五二九年的夏天，嘉靖帝改封邵氏為太皇太后。西元一五三七年，這位太皇太后的靈柩被搬進了茂陵，而且別祀奉慈殿。

被萬曆皇帝寵壞的鄭貴妃

　　神宗萬曆皇帝一生共有八個兒子，但這八個兒子都不是原配皇后王氏所生。根據史料記載，皇后雖然為人和善，而且很受太后的喜愛，可是萬曆皇帝幾乎不和她同床睡覺。萬曆的大兒子朱常洛的母親姓王，但最初是慈聖皇太后身邊的宮女，而且她比萬曆還要大幾歲。一次，萬曆皇帝到慈寧宮，見到王氏他很喜歡，就瞞著太后帶走了王氏，並跟她發生了關係，王氏也在西元一五八二年八月二十八日生下了朱常洛。但孩子降生以後，萬曆皇帝卻賴帳，怎麼也不承認他和王氏之間發生的事情。後來慈聖太后通過調查文書房內侍記錄的萬曆每天的起居，以及對王氏身體的檢查，最終證實了朱常洛的的確確是萬曆的孩子，這樣一來，萬曆皇帝也不得不承認並宣佈他是朱常洛的父親。西元一五八二年七月，王氏雖然成為了恭妃，但從此之後，她便再沒得到皇帝的關注，西元一六一三年默默離開了人世。

　　其實，在皇帝和王氏的事情還沒公開之前，朝中就有很多人就已經開始擔心皇帝子嗣的問題了，因此在西元一五八一年間，司禮監又給皇帝挑選了一批漂亮的女子，一共有九名女子被選為嬪，其中，就有這位來自北京大興的鄭氏。鄭氏當時只有十七歲，長得亭亭玉立，十分甜美可人，所以她很快就得到了萬曆皇帝的寵愛，進宮一年半後就被萬曆皇帝封為德妃，又過了一年，封她為貴妃，僅次於皇后。很快地，萬曆皇帝和這位鄭貴妃就有了愛的結晶。鄭氏在西元一五八六年二月十八日生下一個男嬰，取名朱常洵，這也是萬曆皇帝的第三個兒子。短短一年半後，鄭氏又產下一男嬰，可惜這個孩子在西元一五八八年夭折了。除了八個男孩之外，萬曆皇帝的嬪妃們還給他生了十

個女兒，萬曆皇帝最為疼愛的是壽寧公主，值得一提的是，壽寧公主的生母也是鄭貴妃。壽寧公主西元一六〇九年嫁給了冉興讓，結婚後她也經常回來看望父母。結婚三年後的一晚，冉興讓喝完酒回到家，發現奶媽把門鎖上了，喝得醉醺醺的冉駙馬氣急敗壞，狠狠地打了奶媽。奶媽也不甘示弱，第二天她召集一群太監把冉興讓收拾了一頓。這件事越鬧越大，後來被鄭貴妃知道了，她站在奶媽一邊。岳母不支持自己，氣得冉興讓把駙馬冠往宮門口一扔，跑進深山慪氣去了。壽寧公主和冉興讓在西元一六四四年被李自成的部下所殺。

萬曆皇帝十分寵愛鄭貴妃，對王恭妃完全不理睬，他一直想把朱常洵立為太子。但是依照明朝的歷史傳統，朱常洛是長子，所以只有他才能是東宮太子。為了此事，申時行和沈一貫等大臣和皇帝爭論，並且最終沒有一個好結果。萬曆皇帝總是說常洛的年紀太小而且身體過於單薄，所以，遲遲沒有做立太子的決定。西元一五九〇年，八歲的朱常洛十分健康又很可愛，立太子的事又被大臣們提了起來。四年後，萬曆皇帝才開始讓大兒子常洛上學，不過他心裡還是最疼愛鄭貴妃生的兒子朱常洵，也比較喜歡周端妃所生的皇子朱常浩。但是朝廷上下給萬曆皇帝的壓力也越來越大，後來他想把三個兒子都立為王，封常洵為福王，常浩為瑞王。但他把這個想法說出來之後，遭到了多數大臣的反對，西元一六〇一年春天，萬曆皇帝不得已才允許朱常洛搬進迎禧宮居住，並在西元一六〇一年十一月九日冊立長子朱常洛為東宮太子，也就是後來的光宗泰昌皇帝。

明朝共有十六位皇帝，萬曆皇帝在位時間最長，相對而言，他也是最不認真，責任感最不強的一位。登基時他還是個孩子，自己都還要學習，白天要讀書，於是，他想了個辦法，每個月就上九天朝，他管這叫三、六、九，也就是每月的初三、初六、初九、十三、十六、十九、二十三、二十六和二十九這九天。前十年，因為有張居正、司

禮監太監馮保和母親慈聖太后的督促，他最起碼還會跟大臣們，尤其是大學士和六部尚書經常見個面，商討國家大事。但是，張居正死後，馮保被貶到南京孝陵種菜，羽翼豐滿的萬曆皇帝，除了母親以外，根本誰都不怕，也不聽任何人的話。從西元一五八九年八月一直到西元一六一五年五月，就連三、六、九的上朝他也開始不遵守。此外，從西元一五九〇年二月起，他就不再和老師有任何接觸，也不去閱讀經典書籍。有一次，萬曆要找些東西，無意中發現自己幾年前寫字的紙已經都被蟲子咬壞了。這說明，他已經有很長時間沒有寫過書法了。又過了一年，他幾乎不再參加國家所有大大小小的活動。西元一六一四年母親去世的時候，萬曆也沒有親自出席，只是靠朝臣們把葬禮辦得還算風光。那時的他已經閉居後宮、不理政事。

總之，三十多年的帝王生活，萬曆早就厭倦，再也不想關心那些亂七八糟的政事。雖然皇后是那樣溫柔賢淑，與世無爭，可萬曆還是把所有的心思都放在了美麗動人的鄭貴妃還有她所生的朱常洵身上。王皇后從來不會嫉妒，當太子朱常洛遇到危險的時候，她一定會盡力保護，想盡一切辦法幫這個可憐的太子渡過難關。王皇后在西元一六二〇年初夏安詳離世，先葬於定陵，等朱常洛登基成了光宗泰昌帝，才尊諡她為「孝端貞恪莊惠仁明媲大毓聖顯皇后」。至於朱常洛的生母王恭妃，一直得不到萬曆的寵幸，各方面都被鄭貴妃所抑壓，哪怕是每次太子想去看自己的生母，鄭貴妃也會派人尾隨監視。最令人不能容忍的是，西元一六一三年王恭妃突發疾病，太子連忙趕來看望母親，發現宮門居然是關著的。等太監拿來鑰匙太子才進去，這時候王恭妃已經什麼都看不見了，於是她緊緊抓著朱常洛的衣服，哭著說：「兒長大如此，我死何恨！」說完這句話，就斷了氣。王恭妃死後第三天，鄭貴妃竟然還下令不准公佈死訊，閣臣葉向高提出強烈抗議，萬曆這才同意按照傳統禮節安葬王恭妃，但只是把她的靈柩寄埋在永

陵。一直到王氏自己的孫子登基，也就是熹宗天啟皇帝，王氏才被進諡為「孝靖溫懿敬讓貞慈參天胤聖皇太后」，遷進定陵。

　　我們回憶一下，萬曆皇帝是怎麼樣把鄭貴妃一點點寵壞的。家在大興的鄭氏，當年本來已被許配到一個姓許的鄰居家，但因為禮金不夠多，鄭家推掉了這椿婚事。許家人想要強行娶她，兩家便爭吵起來，這讓鄭氏傷心不已。碰巧這個時候，替萬曆皇帝挑選美女的太監路過鄭家門口，看到鄭氏十分漂亮，就把她帶進了皇宮。鄭氏不但長得漂亮，而且懂得如何討好皇上，短時間內又給萬曆生下了二兒子朱常洵，這樣一來，後宮眾多的妃嬪中，沒人能像鄭氏一樣得到皇帝如此的寵愛。

　　儘管朱常洵是二兒子，而且大臣們極力反對，萬曆還是經常想著封他為東宮太子，雖然最後沒能成功，但朱常洵在西元一六〇一年還是被封為福王，萬曆在洛陽給他修建的王府，要比其它親王的大兩倍還多，一共耗費了四十萬銀兩。不光這樣，封給福王的莊園封邑足足有四萬頃，這裡面有黃河下游幾個省最好的土地。雖然萬曆給了他這麼優厚的條件，但朱常洵還是希望自己能不搬出紫禁城，這樣一來就可以一直在皇帝和母親鄭貴妃身邊。但是明朝有規定，親王是不能在京城居住的。萬曆皇帝因此又收到了許多諫言，大臣們要求皇帝盡快把福王送出京城。西元一六一四年的夏天，萬曆皇帝終於下旨讓兒子搬到了新蓋好的福王府。當時朝廷動用了一千一百七十二隻黃船，才把福王的所有隨從、行李、傢俱等送到洛陽城。

　　萬曆一直想要改變鄭貴妃在人們心目中的形象，西元一五九四年四月，他提議讓鄭貴妃捐出五千兩銀子救濟河南遭受饑荒的難民，後來，又讓鄭貴妃研讀按察使呂坤所寫的《閨範圖說》。鄭氏讀後，專門找人幫她給這本書寫了一個跋，而且自己掏錢在西元一五九〇年刻印，用來教育自己的女兒。雖然萬曆皇帝極力想幫鄭貴妃塑造一種寬

厚、柔順的形象，但野心勃勃的鄭貴妃卻依然沒有改變。西元一六一五年六月，有個名叫張差的男子突然闖入太子的宮門，而且手拿木棍，打傷了好幾個守門的太監。在一系列激烈行為過後，這位不速之客被侍衛當場抓獲。事後便有人把矛頭指向鄭貴妃，認為這個張差就是鄭貴妃派來刺殺太子的。最後萬曆皇帝不得不出面為這件被人稱為「梃擊」的事件打圓場。他安排鄭貴妃在東宮太子和群臣面前，當場號訴哀求，並讓她發誓，保證她本人或者她的家人和這件事情沒有任何關係。這件事在兇手張差被處死後，就不了了之了。

西元一五九〇年代中，大明帝國的財政大的問題，因日本出兵而起的朝鮮戰事、皇家子女的婚嫁以及火災後乾清宮和其它宮殿的重建等各種費用，讓國家入不敷出。難怪萬曆當時要想盡一切辦法搜刮錢財，這樣一來，鳳陽巡撫被逼無奈向萬曆奏說：「陛下病源在溺志貨財。」不光是這樣，西元一六一八年努爾哈赤率領的滿洲軍隊攻佔了撫順，萬曆皇帝不得不從宮中拿出一百萬兩白銀當做軍餉，希望以此來重振大明朝的氣勢。但當時的萬曆皇帝因為長期迷戀酒色，身體早就大不如前，王皇后去世三個月後，西元一六二〇年八月十八日，萬曆皇也離開人世，萬曆皇帝在世五十七年，在位四十八年。他臨死前下令，要求他的後人把他最愛的鄭貴妃封為皇后，可最後這個願望沒能實現。鄭貴妃和她的侄子鄭養性又合謀獻給新皇帝朱常洛一批美女，才剛剛登基一個月的光宗泰昌帝中了他們的計，西元一六二〇年九月二十六日駕崩了。而鄭貴妃到西元一六三〇年夏天才因病去世，她被安葬在了銀泉山，並沒有和疼愛她的萬曆皇帝葬在一起。

撼動朝野的宦官們

鄭和：前無古人，後無來者

　　鄭和是中國歷史上最為傑出的航海家，他奉旨先後七次率領龐大的船隊下西洋。宣德六年，皇帝欽封鄭和為三保太監。鄭和的祖先是原西域布哈拉人，也就是元朝時期的色目人。元朝征服雲南之後，設置了雲南行省，鄭和的先世賽典赤・贍思丁・烏瑪律被派去雲南，成了地方統治者，死後被元世祖忽必烈封為「咸陽王」。他的曾祖父伯顏在元大德十一年出任中書平章一職。自鄭和的祖父開始，隨母姓姓了馬，他的父親馬哈只是元朝的滇陽侯。因為出生在回族家庭，小時候的鄭和就對伊斯蘭教的教義和教規十分熟悉。而且他的父親和祖父都去伊斯蘭教聖地麥加朝拜過，對西域的情況相當熟悉。少年時的鄭和在和長輩們的交談中，表現出了對外界強烈的好奇心。

　　洪武十三年（西元1380年），朱元璋派出傅友德、沐英、藍玉向雲南進攻。在戰爭中，年僅十歲的馬三保成了明軍的俘虜來到南京，遭到宮刑迫害之後成了一名太監。

　　洪武二十三年（西元1390年），十九歲的馬三保被選入燕王府服役。

　　建文元年（西元1399年），燕王朱棣發動了「靖難」之役，馬三保和燕王一同出征。他表現出了無比的忠誠，出生入死，南征北戰，經歷大小戰役無數，並在河北鄭州（今河北任丘北）為燕王朱棣立下赫赫戰功，成了朱棣最信任的人。

　　永樂二年（西元1404年）一月，朱棣覺得馬姓不能登三寶殿，因此在南京御書「鄭」字賜予馬三保，從此他改姓鄭，改名為和，擔任內官監太監，升為四品，在所有太監中，他的地位僅次於司禮監。同

年，鄭和被派出使日本，通過他的行動，不僅讓日本國主動出兵清剿在中國沿海的倭寇，而且還讓日本和明朝政府建立了正式的外交關係，簽訂了一系列貿易條約，取得這樣的成果讓朱棣十分滿意。

永樂三年（西元1405年），朱棣任命鄭和為正使，王景和為副使，率領水手、官兵兩萬七千八百餘人，乘「寶船」六十二艘，浩浩蕩蕩遠航西洋。船隊從南京龍江港起航，經太倉出海，途徑占城（今越南南部）、馬來西亞的麻六甲、印尼的爪哇、蘇門答臘及錫蘭等地，經印度西岸折回，於永樂五年（西元1407年）九月二日回到國內。這次成功的遠航讓所有人認識到了鄭和在航海、外交、軍事、建築等諸多方面的出眾才能。

永樂五年（西元1407年）九月十三日，鄭和在短暫的休息和調整之後，再次奉旨出發。這次，他的龐大船隊到達汶萊、泰國、柬埔寨、印度等地，並在錫蘭山迎請佛牙，帶回船上，於永樂七年（西元1409年）平安回國。

永樂七年（西元1409年）九月，鄭和開始第三次遠洋，他從太倉劉家港起航，這次有姚廣孝、費信、馬歡等人和他一同前往，他們先後到達越南、馬來西亞，印度等地，在回國途中再次拜訪錫蘭山。於永樂九年（西元1411年）六月十六回國。

永樂十一年（西元1413年）十一月，鄭和第四次下西洋。這次隨行的有翻譯馬歡，他們繞過阿拉伯半島，首次航行東非麻林迪。至永樂十三年（西元1415年）七月八日回國。

永樂十五年（西元1417年）五月，鄭和第五次下西洋。他途經泉州，到占城、爪哇，最遠到達東非木骨都束、卜喇哇、麻林等國家，於永樂十七年（西元1419年）七月十七日回國。

永樂十九年（西元1421年）一月三十日，鄭和第六次出發，前往榜葛剌（今孟加拉），因舟遭大風，中道返回。於永樂二十年（西元

1422年）八月十八日回國。

永樂二十二年，朱棣去世，仁宗朱高熾繼承皇位，朝廷因財政問題，不得不暫停了下西洋的行動。

宣德六年（西元1431年）一月，宣宗欽封鄭和為三保太監。鄭和又一次率領船隊開始了他的第七次遠航。寶船從龍江關（今南京下關）起航，返航途中，鄭和終因勞累過度於宣德八年（西元1433年）四月初在印度西海岸古裡病逝。七月，他的遺體隨船隊回國，宣宗賜他葬在南京牛首山南麓。

大明第一專權太監王振

　　明太祖剛上位時，吸取了之前因為宦官專權導致國家混亂的一系列教訓，定下一條死規矩，所有宦官不能干預國家政事。而且把這條規矩刻在一塊大鐵牌上，掛在宮裡，希望他的後代們世世代代謹記。但當明成祖繼承了皇位，這條規矩就被他廢除。

　　明成祖從他侄子手裡奪來皇位，因為怕大臣們反對，所以特別信任身邊這些太監，遷都北京以後，他在東安門外設立「東廠」，專門派人打聽大臣和百姓當中有沒有反對他的人。因為怕大臣對他不忠，他讓最信任的太監做東廠提督。就這樣，宦官的權力一點點得到提升。明宣宗即位以後，就連皇帝日常的奏章批閱，都會交給一個宦官代筆，這叫做司禮太監。這樣一來，宦官的權力又被擴大了。有一年，皇宮裡要招一批太監。蔚州有個小流氓，名叫王振，之前讀過幾年書，也參加過幾次科舉考試，但都沒有成功，就在縣裡當了個教官，後犯了罪，本來要去充軍，但他聽說皇宮來招太監，竟自願進宮當了太監。宮裡的太監大都不識字，唯獨王振略懂一二，有人叫他王先生。後來，明宣宗就讓他教太子朱祁鎮讀書。朱祁鎮十分貪玩，王振不但不管，還幫他想各種玩法，朱祁鎮很高興。

　　明宣宗死後，只有九歲的小太子朱祁鎮接替了皇位。王振也就成了司禮監，幫助皇上批閱奏章。明英宗一心只想著玩，對國事一點都不關心。王振就趁機把朝廷的所有大權都抓到了手裡。只要是和他作對的，輕的撤職，重的充軍。一些皇親國戚為了討好王振，稱他為「翁父」。

　　那幾年，北方的蒙古族逐漸強大。西元一四四九年，部落首領也

先派了三千名使者來到北京，給大明進貢馬匹，要求賞金。王振發現他們人數不夠，因此削減了賞金。也先想讓他的兒子和明朝公主結婚，王振沒有同意。這讓也先十分氣憤，率領瓦剌騎兵向大同進攻。大同的守軍奮力抵抗，但還是潰敗。

邊境的官員馬上稟報朝廷，明英宗趕忙召集大臣商量對策。大同離王振家鄉蔚州沒多遠，王振在蔚州還有地，他怕自己的利益受威脅，極力勸說英宗帶兵親征。兵部尚書（兵部尚書和侍郎是軍事部門的正副長官）鄺埜和侍郎于謙認為準備不足，皇帝不能親征。皇帝是個很沒主見的人，王振說什麼，他就做什麼，儘管大臣們勸阻，但他還是決定親征。

明英宗讓弟弟郕王朱祁鈺和于謙守在北京，自己和王振、鄺埜等一百多人，率領五十萬大軍出征大同。這次出兵，本就沒有充分準備，所以軍隊紀律渙散。一路上又遇到各種情況，沒走幾天，就斷糧了，大家又餓又冷，仗還沒有打，就失去了信心。到了大同附近，遍地都是明朝士兵的屍體，更加人心惶惶。有個大臣覺得勝算不大，勸英宗退兵，被王振好一頓罵，還被罰跪了一天。

仗打了幾天，明軍前鋒在大同被瓦剌軍殺了個片甲不留，其它部隊也節節敗退。看到這情形，王振覺得不妙，這才下令退兵回京。按理說退兵應該越快越好，但是王振為了去老家蔚州顯擺一番，竟然勸英宗住到蔚州。幾十萬軍隊離開大同，朝蔚州方向跑了四十里路。王振突然想到，這麼多的兵馬一起去蔚州，自家的莊稼豈不是損失嚴重，他又急忙下令原路返回。來回一折騰，浪費了大把時間，被趕來的瓦剌軍追個正著。

明軍邊抵抗邊撤退，一直退到土木堡（在今河北懷來東）。這時候，太陽剛落山，有人勸英宗趁著還有亮再趕一陣，等進了懷來城再休整，即便敵人趕來，也好防守。可王振的財產還沒運到，他非要讓

大軍就地停下。土木堡雖然叫做堡，但並沒什麼城堡。明軍日夜趕路，所有人都很渴，但土木堡根本沒有水源。離土木堡十五里的地方倒是有河，但早已被瓦剌軍佔領。兵士們只好開始挖井，挖了足足兩丈深，還是沒有水。

第二天天剛亮，瓦剌軍就追到土木堡，包圍了明軍。英宗自知沒法突圍，只好派人去求和。也先也知道，大明軍隊人數不少，真打起來自己也會有損失，先假裝答應了。英宗和王振聽說後很高興，讓士兵們去找水喝。所有人都奔向河邊，十分混亂，根本沒人能夠制止。就在這時，早就埋伏好的瓦剌軍士兵蜂擁而至，個個拿著長刀，大聲喊道：「投降的不殺！」明軍兵士一聽，紛紛丟盔棄甲，四處逃竄。瓦剌軍緊追不捨，頓時，被殺的和被亂兵踩死的明軍到處都是。連鄺埜也在這次混亂中被殺死。而英宗和王振帶了一批精兵，好幾次想突圍都沒成功。平時囂張跋扈的王振，這時竟被嚇得雙腿發抖。禁軍將領樊忠早已恨透了這個大奸賊，氣憤地說：「我為所有百姓除掉你這個奸賊。」說著，掄起手裡的大鐵錘，朝著王振腦門狠狠地砸去，王振便一命嗚呼。樊忠自己則是衝入敵陣，一陣拼殺過後中槍而死。英宗眼看沒有還擊的機會，只好從馬上下來，坐在地上等死。瓦剌兵俘虜了他。歷史上把這次事件稱為「土木之變」。

與瓦剌一戰，明朝的五十萬大軍僅剩一小半，大明元氣大傷。瓦剌首領也先卻越來越驕橫，京城也感受到了瓦剌軍的威脅。而這時，守衛京城的重任，就落在了英宗的弟弟郕王朱祁鈺和于謙的身上。

「八虎」之一張永

明武宗成化十一年，張永被選入宮中，當時負責在乾清宮伺候明憲宗，那時他只有十歲。後來又被升為內官監右監丞。

弘治九年，張永被調到東宮侍候當時還是太子的朱厚照。

正德元年，太子朱厚照登基為帝，也就是明武宗。張永和同在東宮伺候武宗的馬永成、劉瑾、羅祥、魏彬、高鳳、丘聚、谷大用等都受到極大寵幸，於是勢力逐漸發展壯大，當時的人給他們一個稱號叫「八虎」。武宗寵愛張永，先後賜給他蟒衣和玉帶，並且准許他在宮中騎馬、乘轎，每年給他十二石祿米，並命令他監督顯武營的兵馬。

正德元年十月，張永又受到重用，任命他監督管理十二團營和總神機營。隨後又和守衛邊疆的將領江彬共同管理四衛勇士。他在宮內掌管乾清宮和御用監諸事，並且兼任監管司設、尚衣、尚膳、內官諸監，禮儀、整容、甜食諸房和豹房、混堂司、浣衣局、南海子的事務，成為兼職最多的內臣。可見張永深受武宗器重。

正德三年，由於當時弘治以來的所有關稅都是折現銀收到承運庫的，所以錢鈔非常缺乏，供給不足。張永提出發放天財庫和戶部布政司的庫銀，禁止徵收關稅，並再次宣佈嚴厲禁止私造錢幣，意見最終被採納。

事情發展到正德五年，安化王朱寘鐇發動叛亂，明武宗令楊一清統率寧夏、延綏，任命張永擔任楊一清的監軍。沒用多長時間，朱寘鐇的叛軍就被楊一清剿滅，張永獻俘時趁機嚮明武宗告發了劉瑾的罪狀，明武宗下旨令張永帶領禁軍捉拿罪大惡極的劉瑾。最後惡人劉瑾被殺。張永也因此兩立大功，受到極大獎賞，升官為司禮太監，掌握

司禮的監事。

西元一五一二年，丘聚揭發張永指使庫官吳紀暗偷白銀七千餘兩，抬入自己的私宅中，製造一些玩好和珠寶，張永被免職閒住。正德九年，乾清宮慘遭火災，武宗又起用張永擔任御用監掌印的太監，總管宮中一切營建工程，同時監督京都軍營的事務。

同年，蒙古小王子率軍侵犯宣府和大同。武宗命令都督白玉擔任總兵官，張永提督宣府、大同、延綏等處的軍務，率領京營的士兵前往鎮壓。正德十一年，小王子率部分道進攻，張永率兵在老營坡和部分進攻軍隊相遇展開激戰。正德十二年，張永又和彭澤一起西征肅州。

又過了兩年，寧王朱宸濠挑起造反大旗，明武宗率兵親征，命令張永率領邊兵兩千人作為前鋒。王守仁把寧王朱宸濠俘虜，交給了張永。江彬想要污誣王守仁夥同寧王謀反，被張永搭救才免遭橫禍。

晚期的明朝造反大旗每時每刻都會出現，正德十五年，江彬憑藉自己手握邊鎮重兵的便利，在通州駐紮軍隊，並且把武宗留在那裡多達四十天，召集文武大臣前往集合，又私自假傳聖旨，將團練營命名為威武團練營，全部由自己領導。於是一時間謠言四起，群臣百官都擔心江彬會謀反。

一直到正德十六年，明武宗生病去世，為了防止發生動亂，任命張永統帥京師九門。擔任大學士的楊廷和遵照武宗的遺詔，解散了威武團練營，把各邊鎮軍隊都遣還了。獲得太后的同意後，楊廷和作了縝密的安排，借坤寧宮安裝獸吻的一個機會，命令江彬和工部尚書入宮祭祀。祭祀完畢後，江彬欲出宮，但是張永留他們吃飯，此時太后下旨抓捕了江彬。

明世宗登基後，御史蕭淮彈劾谷大用等太監狼狽為奸，牽涉了張永，於是世宗下令讓張永閒住。緊接著蕭淮等又彈劾張永在江西時曾

違法亂紀，張永又被降為奏御，發配到孝陵去做司香。但其實張永在江西並沒有什麼大的違法行為。

西元一五二七年，楊一清擔任首輔，為張永的事平了反，肯定了他在捕殺罪大惡極的劉瑾的過程中立下了大功，張永因此得以恢復原職，暫時在家養病。

西元一五二八年，明世宗召見張永，任命他掌管御用監印，負責神機營和十二團營兵馬，在乾清宮做事，一年增加祿米三十六石。第二年冬天，張永去世，死在任上。

「九千歲」魏忠賢

　　魏忠賢，原名進忠。隆慶二年，也就是西元一五六八年，出生在北直隸肅寧。他從小因為家庭貧寒，沒有讀過書，練過武功，左右手都能夠挽弓搭箭，箭法很不錯。後來，他從繼父改姓李，十七歲的時候娶了馮氏為妻，生了一個女兒。他十分貧窮，卻非常喜歡賭博，由於賭運不佳，常常受到凌辱。

　　萬曆十七年（西元1589年）十二月，二十一歲的魏忠賢為賭債所逼，在走投無路的情況下，自己淨身，進宮當了太監。他先在司禮太監孫暹名下，後在甲子庫辦事，因為這裡有些油水而逐漸富裕起來。善於鑽營的魏忠賢通過太監魏朝的介紹，輾轉投入秉筆太監王安的門下，並很快贏得其信任。

　　萬曆三十三年（西元1605年），神宗的長子朱常洛與王氏生下皇長孫朱由校，魏忠賢被委派前去侍候王氏，併兼管小皇孫的伙食。那個時候，朱常洛雖然是皇長子，但是，卻不得他父皇的喜愛，神宗遲遲不肯將他冊立為皇太子。所以，除了王氏被冊封為才人外，她和小皇孫的命運並沒有引起特別的重視。

　　魏忠賢進宮十六年後才從底層太監中脫身出來，他對自己的新主子自然感激涕零，而且忠誠有加。雖然那個時候王才人與皇孫不被人看重，但是，他卻自始至終地精心侍候。小皇孫朱由校生性好動，愛看武戲，也愛舞刀弄槍、騎馬射獵。他騎馬、射箭的時候，魏忠賢總是緊跟在身邊，小心謹慎地照料。小皇孫想要什麼玩具，魏忠賢都會千方百計地幫他弄來。

　　朱由校少年之後，因為父親朱常洛的地位未穩，因此不受父親、

祖父的重視，遲遲沒能出閣就學，此時他又對木匠活產生了強烈的興趣。做木匠活的時候，魏忠賢就是他最得力的下手，總能將朱由校侍候得高高興興的。長年的耳鬢廝磨，這一老一小之間形成了一種說不清楚的關係，一種亦主亦僕、亦親亦友的關係。魏忠賢也正是憑著這一點博得了王才人的歡心，讓他恢復了本姓，改叫魏進忠。

魏忠賢早在侍奉太監魏朝的時候，就結識了朱由校的乳母客氏。客氏原與魏朝相好，見到魏忠賢後便移情於他，與其「對食」。當時，在宮中值班的太監不能在宮內做飯，只能吃自己帶來的冷餐，而宮女則可以生火，於是，太監們便拜託與自己熟悉的宮女代為溫飯，久而久之，宮女與太監結為相好，稱作「對食」，與民間夫婦一樣。

泰昌元年（萬曆四十八年，1620年）七月，神宗朱翊鈞因病去世。他在臨死之前終於冊封朱由校為皇太孫，魏忠賢在宮中的地位也隨之直線上升。八月，朱常洛繼位，是為光宗。光宗朱常洛在位僅僅一個月就病死了。就這樣，年僅十六歲的朱由校繼承王位，是為熹宗，改元天啟。

熹宗朱由校即位之後，因為自己的生母早逝，又沒有嫡母，於是把乳母客氏封為奉聖夫人。這個時候，魏朝見朱由校即位，客氏得寵，為了爭寵於熹宗，便開始與魏忠賢爭奪客氏。他們在宮中的喧鬧引起熹宗過問，熹宗做主將客氏指配給魏忠賢。從此之後，魏忠賢與客氏合謀假傳聖旨將魏朝發往鳳陽，隨即派人在途中將他殺害。

天啟元年（西元1621年）五月，朱由校任命王安為司禮監掌印太監。魏忠賢在除掉魏朝之後，權力欲望也跟著膨脹起來，他想取王安而代之。當時的王安不但是司禮監掌印太監，而且更是顧命太監，他在移宮案中與外朝大臣相互合作，有非常高的威望。

朱由校即位之後，御史方震孺上疏，要求驅逐客氏。王安奏明熹宗，熹宗只好讓客氏離開皇宮。但是，誰也沒想到，熹宗根本離不開

客氏，沒過多久就又把她召回宮中。客氏經歷這番打擊之後，與魏忠賢的勾結更為緊密。他們在外朝官僚中找到魏忠賢的同鄉，給事中霍維華，指使他彈劾王安。這個時候，熹宗朱由校依然沉迷於他的木匠活中，「朝夕營造」，「每營造得意，即膳飲可忘，寒暑罔覺」，而魏忠賢除了一味地投其所好之外，總是趁他做木工做得全神貫注之時，拿出奏章請他批閱，朱由校總是不耐煩地隨口說：「朕已悉矣！汝輩好為之」。這樣，客氏和魏忠賢得以矯旨將王安降為南海子禁軍，不久，又派人將他殺害。

天啟二年（西元1622年），王安死後，熹宗將魏忠賢升為司禮監秉筆太監，並給他賜名「忠賢」。那個時候，東林黨人在朝廷內閣中佔據了一些重要的位置，而魏忠賢與這派官僚的關係還不算太緊張。

天啟三年（西元1623年），魏忠賢受命提督東廠，權勢進一步擴大。不久，顧秉謙、魏廣微等被選入內閣。而顧秉謙和魏廣微不被東林黨所容，受到吏部尚書趙南星的極力排斥。而這時的魏忠賢也需要外朝官僚的配合，於是，不為東林派所容的官僚憤然投靠了魏忠賢，他們很快就形成一個政治派別，也就是閹黨。

天啟四年（西元1624年）六月，楊漣疏劾魏忠賢，列數他迫害朝臣、迫害太監、迫害妃嬪等二十四條罪狀。由此，以魏忠賢為首的閹黨與東林黨的鬥爭終於公開爆發。結果，魏忠賢依靠他和客氏擺佈熹宗的能力而幸免於難，接著便開始大規模地迫害鎮壓東林黨人士。魏忠賢的同黨把反對派官僚百餘人列在一個名單上，稱為邪黨，而將閹黨六十餘人列為正人，以此作為黜陟的根據。七月，首輔葉向高被迫去官。十月，趙南星、高攀龍致仕，楊漣、左光斗削籍。

天啟五年（西元1625年）八月，遼東經略熊廷弼在菜市口被殺害，他的屍首被分別送往九個邊鎮示眾。八九月間，楊漣、魏大中、左光斗、顧大章等人相繼死於獄中。

天啟六年（西元1626年），魏忠賢又殺害了高攀龍、周宗建、黃尊素、李應升等人，東林書院被全部拆毀，講學也告中止。十一月，在朝中素來都很有聲望的袁可立也被魏忠賢排擠出朝，致仕歸里。

魏忠賢在用刑獄對付反對派官僚的同時，還命其黨羽編纂《三朝要典》，為打擊異己製造必要的輿論。隨著魏忠賢地位的不斷提升，很多官僚都向他靠攏，協助他控制局面，打擊異己。魏忠賢與客氏沆瀣一氣、狼狽為奸，博得熹宗的極度寵信，被封為「九千歲」，他的主要黨徒「五虎」、「五狗」、「十孩」、「四十孫」等遍佈朝野。這個時期，各地官吏阿諛奉承，紛紛為他設立生祠，連遼東巡撫袁崇煥也積極參與其中。魏忠賢除了本人身兼司禮太監與提督東廠太監職務，晉封上公之外，他的侄子也封寧國公，加太師，他的族人中，僅蔭封錦衣衛指揮使的就有十七人。當時，人們都以「九千歲」稱呼他，對他的雕像行五拜三稽首之禮，他的權勢可以說已經發展到了極點。

天啟七年（西元1627年）八月，熹宗病死，信王朱由檢即位，是為思宗。魏忠賢還想控制朱由檢，但是沒有得逞。九月，朱由檢把客氏趕出皇宮。十月，彈劾魏忠賢與魏黨的奏疏開始出現。十一月，魏忠賢被免去司禮監與東廠的職務，謫守鳳陽祖陵。魏忠賢走到半路就畏罪自殺了。至此，這個禍國殃民的閹狗終於得到了懲罰。

小心謹慎而得以善終的田義

　　每位元皇帝初掌大權時，都會迅速建立自己的勢力圈，以防不測。萬曆皇帝也不例外，剛剛登基就認真考察了在他身邊搞服務工作的人，最終覺得田義這個人忠心耿耿，辦事老練謹慎，是一個值得信任和能擔當大任的人，於是在登基的第二年就對田義委以重任，把他提拔到文書房擔當管事，作為司禮監的助手，其實也就相當於今天的機要秘書。明朝時，宦官升入司禮監有一個不成文的規矩，必須由文書房出來，所以文書房琯事其實就是萬曆給田義做司禮太監的一個鋪墊。田義進入文書房後，他的才幹得到了充分發揮，同時也說明了他已經從眾多的內官中脫穎而出，這些都為他日後升任司禮監以及掌司禮監印奠定了根基，這是田義發跡的開端。

　　田義擔任文書房的管事後，專門負責保管百官的奏章和頒佈皇帝的旨意。因為他辦事牢靠政績突出，不久以後又被升為內官監太監，這時他的權力更大了，專門負責掌管國家建造宮殿和陵墓的工作，還有製造後宮所用的銅鏡和其它奢侈品，這些工作的油水都非常大，同時還負責監視吏部的選官事項，這些官位都是一些重要職位。

　　擔任文房琯事時，田義曾經在萬曆十年奉旨押送在犯罪前擔任輔國中尉的懷墉到鳳陽去。懷墉是懷順王的弟弟，他們總共兄弟五個人。懷墉兄弟四人依仗著兄長懷順王的權勢，經常在市井中自命是皇室子弟，為非作歹魚肉百姓，後來被秦敬王一本奏章上奏朝廷，神宗下令懲治懷墉「擾亂鋼常，違背祖訓」，四個為非作歹的人中一人被賜死，懷墉等其它三人被貶為平民，發落到安徽的鳳陽高牆中終身禁錮。萬曆皇帝覺得懷墉怎麼說都是出身皇室，而且一向桀驁不馴、作

威作福慣了，押送的路途又遙遠，怕有什麼閃失，就把押送的重擔交給了他認為辦事最得力的太監田義。

田義謹遵聖旨行事，一路上飲風食露、嚴謹小心，最後平安到達鳳陽，把懷墉轉交給了太監韓壽，懷墉被關到了高牆之內。田義回去的途中經過家鄉華陰縣，他特意回家給族墳上香，並且對鄉親朋友給予厚待。田義的升官發達和衣錦還鄉，令鄉里人非常羨慕，紛紛以他為榮。等到田義回京以後，皇上對他圓滿完成任務感到非常高興，第二年又任命田義為南京的副守備，田義實際上掌握了監軍大權。這對一個太監來說是極大的榮寵。

西元一五八三年，田義依靠南京司禮監太監的身份掌管南京內官的監印，三年後又被轉正為守備兼掌南京司禮監的監印，事實上南京的軍政大權都已經握在了田義的手上。南京在早年是明朝定都的地方，明成祖遷都北京以後，把南京作為留都，但是一切官府人員配置都按照北京的設置，就算宦官各監也是一樣，只是沒有皇帝的鎮守，就設了一名守備，以公、侯、伯來進行排名。等到仁宗掌政時就改為派一個宦官去做守備，其實就是皇帝的代表，職務當然非常重要。萬曆認為南京是國家的根基地，於是特命田義協助正守備王承勳和兵部尚書翁大立參與機要政事、訓練軍馬、撫恤百姓、嚴禁盜賊、振興百業、保護皇家宗廟山陵等，不可以欺壓百姓、亂徵賦稅、因私害公、怠忽職守，務必使軍民全部安分守法，一定要勉勵百姓，負責小朝廷的一切大事。職權非常大，不過任務也非常繁重。

從此之後，田義的官運青雲直上，一路亨通。萬曆十七年，皇帝特意把田義從南京調回北京擔任司禮監隨堂的辦事，「掌管中外文書，監督教習以及禮儀房」。西元一五九一年，掌握司苑局的大印。到了萬曆二十年又兼掌巾帽局的大印。西元一五九六年，田義的地位在宦官中已經無比尊貴，既掌握司禮監的大印，又掌酒醋面局的印

鑒，還負責禮儀房的全部事宜。

縱觀田義的宦官生涯，可以發現他一直都在擔任司禮監的職位，無論是從開始接受宮廷禮儀教育的內書堂，還是到最後的司禮監掌印的職位，都可以充分表現這一點。田義一共擔任了十年司禮監掌印直到生病去世，這個職務在明代舉足輕重。正是由於司禮監掌管批閱奏章和傳達聖命的職責，因此大臣們對司禮監太監也是非常敬重，視為上司，就算是大臣上朝的時候，按照慣例都要拿著名片，手裡捧著禮物，先拜見司禮太監，然後才可以正式就職，平時在路上遇見必須下跪叩頭。

田義忠於職守、謹慎認真，深受萬曆帝的賞識，得到的賞賜格外豐厚。萬曆初年，田義擔任內官監太監時，皇帝就賞賜他一件蟒衣玉帶。萬曆十四年又賞賜他每年加祿米。萬曆十七年又賞賜他一匹坐騎，允許他在禁地騎馬。此後，他還曾經奉旨進行大閱兵和審訊刑犯，在當時這些都是極高的恩典。

萬曆三十三年，田義因病臥床不起，萬曆帝特意派御醫前去診視，不久田義就去世了，萬曆帝非常傷心，特意罷朝三日以示哀悼，在五天裡派了三個人去祭奠他，並且賞賜給他大量冥錢，為他設置了三場祭奠法事，又賞賜了「東園秘器」，命令工匠挖掘地宮給予埋葬，特別樹立了享堂碑亭進行永久祭祀——這是少有的恩典。

善耍手段的馮保

　　馮保在嘉靖中期擔任司禮監的秉筆太監。隆慶元年，奉旨提督東廠同時兼管御馬監。那時司禮監正好空缺一名掌印的太監，按照資歷應該由馮保升任，但誰讓馮保不受穆宗待見呢！大學士高拱就推薦了御用監的陳洪補上了掌印司禮監的職位。等到陳洪辭官，高拱又舉薦了掌管尚膳監的孟沖補上。若按照規定來說，孟沖是絕對沒有資格掌管司禮監的，馮保因此十分痛恨高拱。

　　隆慶六年，不待見馮保的直屬上司穆宗駕崩了，馮保就借機假傳遺詔為「閣臣和司禮監共同為顧命大臣」，於是馮保就和內閣首輔高拱、次輔張居正、高儀同為神宗的顧命大臣。

　　萬曆元年，十歲的小神宗皇帝朱翊鈞即位以後，馮保得到了進一步的重用，他從秉筆太監晉升到了掌印太監，負責協理李太后輔助小皇帝的教育事宜。神宗常稱馮保為「大伴」，大臣們都對他害怕三分。

　　在神宗登基為帝的儀式上，馮保從始至終都站立在御座的旁邊，滿朝文武都十分震驚，並對他的行為心生不滿。高拱眼見馮保的權力越來越膨脹，心裡無法容忍，就暗中授意閣臣們提出「還政於內閣」的口號，組織了一批大臣上書彈劾他。而馮保就抓住高拱曾經在穆宗病故後說過「十歲太子怎麼能治天下」的把柄，分別向皇后和皇貴妃告狀，高拱因此被革職。那些支持高拱的很多大臣也遭查辦。馮保真是一個厲害的角色，從此就開始了他登上政治舞臺的生涯。

　　前面提到高拱曾經被馮保記恨在心，所以君子報仇十年不晚，馮保一直在等待時機剷除高拱，正好萬曆元年的正月十九日，有一次神

宗皇帝在清晨出宮上朝，被一名叫王大臣的男子刺殺。皇帝的侍衛立刻把王大臣擒獲，又從他的身上搜出了刀劍各一把，隨後就由皇帝親自下旨，押送到東廠進行審問。

馮保靈機一動覺得報仇的機會到了，借機誣陷高拱，並且暗地裡囑託王大臣，要他假裝承認是受高拱的指使。一時間，刺客謀刺皇帝的消息快速傳開，朝廷的各科道官員已是人人自危，都不敢貿然上疏替高拱申辯。然而都察院左都御史葛守禮和吏部尚書楊博挺身而出，堅決主張將王大臣的案子交給都察院、刑部與東廠共同負責。張居正面對壓力，不得不上疏給神宗皇帝支持共同審理，神宗就下旨讓馮保和左都御史葛守禮，錦衣衛左都督朱希孝共同審理。高拱因此被洗清了冤情，王大臣依律被處以死刑。

這一案件使得馮保徹底惹惱了朝中的眾多大臣，大家都對他這種誣陷高拱的險惡行徑厭惡至極。然而張居正卻因此受益牢牢地坐穩了首輔這把交椅。雖然馮保是一個陰險小人，可是在政績方面也做出了成績，為明朝的最後復興也做出了努力。張居正成為首輔以後，在獲得太后和皇帝的支持的情況下，和內相馮保極力配合，推行了利民的「一條鞭」法，極大地增加了國家的財政收入。他們裁減多餘官員，減少財政支出，使大明政權出現了復蘇的跡象。張居正雖然是一個有才之人，但是他之所以能被委任位內閣首輔，施展自己的政治抱負，是離不開馮保在背後的全力支持的。但是，由於馮保本人貪圖錢財，收受賄賂，張居正也曾經隨大流送給他許多寶物。後來馮保又花費鉅資，給自己建造了一座生壙，張居正也違心寫了〈司禮監秉筆太監馮公預作壽藏記〉，對他的生平歌頌不已。

神宗曾經也賜了一枚象牙圖章給馮保，裡面刻著「光明正大」、「爾惟鹽梅」、「汝作舟楫」、「魚水相逢」、「風雲際會」，更過分的是竟然以宰相的待遇來對待馮保。以至於後來，馮保更加嬌慣橫

行，就算是皇帝有所賞罰，只要馮保不開口說話，誰也不敢去執行。

馮保有時也做一些比較識大體的事。比如內閣生產白蓮花，所以翰林院的雙白燕以及張居正就弄來供皇帝賞玩，馮保馬上派人對張居正說：「皇帝年紀還小，不應該用這些奇異的東西來拴住皇帝的心使皇帝貪玩。」並且還約束他的子弟，使他們不敢為非作歹。因此京中百姓也覺得馮保這個人還不錯。

神宗十八歲時，曾經喝醉酒調戲了一名宮女。馮保立即向太后告狀。太后非常憤怒，差點因此廢掉神宗的帝位。太后命令張居正上疏請諫，並讓他替皇帝起草了一份「罪己詔」，又懲罰皇帝在慈寧宮跪了整整六個小時，皇帝因此對馮保和張居正懷恨在心。

萬曆十年，張居正因為積勞成疾，死在任上。臨終上書給皇帝，舉薦他的主考官潘晟到內閣參與政事。馮保就派人把他召來。擔任御史的雷士楨、王國和給事中王繼光都說他不可擔此重任，於是潘晟就中途上疏請辭。內閣張四維猜想申時行一定不肯官居潘晟之下，於是就起草意見答應了此事，皇帝也馬上應允。馮保當時正在生病，他辱罵道：「我生個小病，就可以無視我的存在嗎？」

在皇太子剛出生的時候，馮保想給自己封授伯爵，張四維用沒有過這種先例來阻止他，卻想給他的弟侄一個都督僉事的官職。馮保卻生氣說：「你是靠誰才到了今天的位置，居然背叛我！」

萬曆十年十二月初八，擔任江西道御史的李植上疏彈劾馮保的十二大罪狀。重點主要是徐爵和馮保作詐犯法。另一個大的罪狀是：永寧公主選婚的時候，馮保收受了梁國柱一萬兩賄賂，明明知道他的兒子短命並且確實有病，卻故意庇護。結果在成婚的時候，梁國柱的兒子鼻血沾濕了前袍，婚後一個月竟然一命歸西，導致公主幾年後就鬱鬱病死。

在已經去世的二十四名宦官中，只要是家財殷富的人，馮保都把

他們的房屋封鎖，然後開始「掃蕩」。只挑選其中尋常的對象獻給皇上，而把那些奇珍異寶都據為己有。

　　馮保所建立的宅第和店鋪遍佈京師，數不勝數。他為自己在北山口建造了一塊墳地。裡面的壯觀景象，可以和西苑（嘉靖皇帝曾經長期居住並辦公的地方）相媲美。那些蓋在原籍的房子更是有五千多間，並且連跨數個郡縣，無論是規模還是華美程度，都和帝王的宮殿不相上下。

　　這個時候，太后已經還政給皇帝很久，馮保失去了政治依靠，而皇帝對馮保積怨已久。東宮的老太監張鯨和張誠趁機向皇帝陳述了馮保的過錯和罪惡，請求皇帝讓馮保閒住。神宗卻依然害怕馮保，說：「如果『大伴』硬是走上殿來，我怎麼辦？」張鯨說：「既然已經下了聖旨，他怎麼敢再進入宮殿！」於是神宗就聽從了張鯨的話，在聖旨上寫道：「馮保欺君禍國，罪孽深重，本該判為死罪。但念在其多年奔波，沒有功也有苦勞，所以從輕發落，發放到南京的新房閒住」。隨後就查抄了馮保的家產，發配他到南京的孝陵去種菜。馮保死後被下葬到南邊的留都。馮保的弟弟馮祐和侄子馮邦寧當時都位居都督之職，也因此牽連被削職和逮捕，過了很長時間的牢獄生活，最後死在獄中。

左右歷史的權臣們

開國第一功臣劉基

　　劉基出生在浙江處州府青田縣南田山（今浙江省文成縣）武陽村一個富裕的書香地主家庭。家庭對他潛移默化的影響使他在學業上打下堅實基礎的同時，也培養造就了其豪爽剛正、疾惡如仇的性格。

　　劉基考中進士三年後便被任命為江西高安縣丞。這雖然只是輔佐縣令的位卑職微的地方小官，但劉基並沒有鬆懈，盡職盡責，處處為百姓考慮，深得上司賞識和百姓的愛戴。不久便有了相當不錯的政績，從而被調至江西行省為官。但是劉基的廉潔奉公與當時元朝政綱紊亂，官場腐敗，大小官吏只為了自己的財與權而爭相諛迎的現實顯得格格不入。秉性耿直的劉基又常常因看不慣這種風氣而不顧情面直言諫事，處處得罪上司和幕僚。他的上司和幕僚便時常排斥他，讓他在官場舉步維艱。心裡明白自己是不會在這樣的現實下有任何作為的劉基毅然辭職，於至元六年（西元1340年）回到老家，閉門讀書。

　　讓劉基沒有想到的是，他的秉公執法早已流傳開來。時隔三年之後，江浙行省儒學副提舉第二次起用他，授他為行省考試官。此時，劉基滿腔為國效力的熱情再次被激發出來。上任後不久，豪爽剛正、疾惡如仇的他上書揭發了監察御史失職的事。但現實再一次戲弄了劉基，他的上級不但沒有懲戒失職的監察御史，反而斥責他多管閒事，信口開河。心中無比氣憤的劉基再一次扔下了頭上的烏紗帽。失意的他心裡有許多的憤慨與無奈，便移居杭州，寄情於山水，飲於西子湖畔，臥於武林山麓，飲酒賦詩，遣興自娛。

　　至正十一年（西元1351年）發生了一件令朝廷大驚的事。台州人方國珍在海上集結兵力，一舉攻佔了浙江沿海的諸州郡。朝廷急命江

浙行省盡全力抵禦來犯。因為從小書讀千卷，早年就在浙江傳開了劉基具有諳熟兵法韜略的能力，於是，第二年（西元1352年）浙東元帥府都事再次下詔書起任劉基。這時的劉基對朝廷幾乎失去了信心，但是，他心中為國效忠的火苗依舊沒有熄滅。在一番激烈的心裡鬥爭後，一心為國的浩然正氣帶著劉基走出了深山，他決心用自己的謀韜大略幫助官府鎮剿方國珍。劉基細細分析後發現方國珍是以浙東寧波為跳板進襲內地的，於是提出要想防方國珍的兇猛進攻，只有建築寧波城牆。果然，方國珍再不敢輕易進犯寧波了。兩年後（西元1353年），政績頗豐的劉基被提拔為行省都事，召至杭州商議招撫方國珍事宜。這時，劉基才知曉了事情的原委，在方國珍舉兵起義後不久，朝廷便下詔書詔安方國珍，方國珍隨即同意詔安，被任命為國尉。但利慾薰心的方國珍不安於此職，仍多次舉兵反元，無可奈何的朝廷只得一次又一次地提拔方國珍。而這次方又不安於現狀，故伎重演，要脅朝廷，朝廷忍無可忍但也無計可施，只得召集賢士出謀劃策。劉基細細分析後，否定了朝廷的做法，反對一味的招安。他認為對付方氏之亂的上策應是剿撫結合，方的所作所為，無非是想得到高官厚祿，朝廷對此絕不能姑息，應捕而斬之。他的部下大都是盲目追隨者，招安之即可。杭州同僚覺得言之有理，便將此計稟報朝廷，欲與行之。劉基這鎮壓方國珍義軍的分化瓦解之計，也確實險惡。方國珍得知後心裡大驚，企圖利用金絲玉帛來說服劉基，希望他放棄剿捕之計。正義的劉基果斷拒絕了這些禮物，一心只想剷除朝廷的心頭之患。方國珍急紅了眼，索性直接以重金向大都朝中大官施壓，那些大官在重金面前毫無抵抗之力。之後朝廷不但又一次招了方國珍的安，還斥責劉基的剿捕之計有損朝廷的仁義，作威作福，並責令江浙行省將劉基羈管於紹興。這對劉基無疑又是當頭一棒，只得被迫第三次辭官回家。

　　二十年的時間裡，劉基在官場大起大落三次之後，歸隱浙江老

家。沒過多久，朱元璋率紅巾軍打到處州。尊重有識之士的朱元璋每到一地都要訪見當地名士，召請他們出來。佔據處州後，聽說浙東名士劉基正隱居青田老家，朱元璋便派人攜帶重金聘請劉基出來。

隱居於家鄉的劉基早已聽說過朱元璋的雄才大略，劉基也打心底裡欽佩朱元璋，但經歷了三次官場大起大落，又對當時群雄割據的亂世存有戒備之心，他還是拒絕了朱元璋的邀請。朱元璋心有不甘，於是再次派處州總制孫炎前往青田邀聘。這時的劉基清楚地看到元王朝已經不可救藥，並體會到朱元璋的誠意而且在群雄中唯有朱元璋能成得了氣候的事實。劉基決定再賭一把，把自己的未來壓在了輔佐朱元璋建立大業上。隨即收拾行囊，於至正二十年（西元1360年）農曆三月由青田問道到達金陵。

坊間傳聞劉基是個深諳陰陽八卦，專事風水占卜的奇人，有著呼風喚雨、料事如神的法術，當然，這不是真的。但現實中的他的確是一個強智博學，才思敏捷的人，不僅經史詩文，連軍事韜略、兵法智術甚至是天文地理乃至陰陽五行都十分精通。劉基性情冷靜，為人處世機警果敢，有成為一名優秀謀臣的天賦。輔佐朱元璋不久，劉基展現出的種種不凡才能使得他很快成為了朱元璋智囊團的核心人物。

劉基的到來使得在軍事政治上正處於一個重要發展階段的朱元璋如虎添翼，讓朱元璋在金陵站穩腳跟的同時還佔據浙江其它一部分地區，而且朱元璋的實力在這期間有了很大發展。但東邊張士誠，西邊陳友諒兩股力量也都不是鼠輩，他們看到朱元璋迅猛的發展後試圖聯合夾擊朱元璋以除去後患，這對朱元璋形成很大威脅。除此之外，朱元璋雖早有效法沛公劉邦的志願，但一直沒有真正屬於自己的旗號，而是隸屬於劉福通控制下的小明王韓林兒，接受他的封爵，有龍鳳年號。若能解決這內憂外患同時壓制的尷尬局面，朱元璋的實力便能得到質的飛躍。

　　在劉基看來，當下正值群雄紛爭之際，受到別人的牽制不會有所作為，自己掌握命運，才能成就一番大事業。因此在至正二十一年（西元1361年）農曆正月，當朱元璋在金陵中書省設御座，率文武僚屬遙拜小明王、行慶賀禮時，唯有劉基獨自站在一邊不拜。當朱元璋問其為何不拜時，劉基不屑地回答道：「他不過是個牧童罷了，為什麼要尊奉他？」接著便向朱元璋說明了應該擺脫小明王，自己爭奪天下的道理，朱元璋聽後不但沒有因此而憤慨，反而覺得很有道理。至正二十三年（西元1363年），張士誠手下將領呂珍於安慶（今安徽壽縣）向韓林兒進攻，劉福通下令要朱元璋發兵速速前往救援。劉基聽聞後勸說朱元璋不應前往救援。他說：「現在陳友諒、張士誠正聯合起來虎視眈眈伺機進攻我們，這種時候哪還有精力去管別的人呢？再者說來假使將小明王救了出來，我們又如何安頓他才好？」以此勸朱元璋借機拋棄韓林兒。朱元璋不聽，一意孤行，親自率軍往救。不出劉基所料，陳友諒果然乘虛而入。率領幾十萬精英部隊襲擊了朱軍轄下的江西重鎮洪都（今江西南昌）。得到消息的朱元璋不得不星夜兼程回趕，疲於奔命，此時的韓林兒正如劉基所說，成了朱元璋的累贅。待事態平息之後，朱元璋心懷愧疚，感慨地對劉基說：「當初若是聽從您老的教誨，也不會落得如此。萬幸陳友諒偷襲的不是金陵，否則後果真的是不堪設想了。」不久之後，朱元璋狠下心來徹底拋棄了韓林兒，擺脫了他人的束縛。

　　劉基對朱元璋在軍事上的貢獻是巨大的。劉基到金陵輔佐朱元璋不滿兩月之時，挾主稱帝的陳友諒趁其餘威，舉兵東下，試圖聯合張士誠部合擊朱元璋。金陵的形勢可謂十分嚴峻。一時間朱元璋部下不免產生慌亂，有的主降，有的主逃，有的主張傾力與之決一死戰，諸說紛紜，莫衷一是。而此時的朱元璋心中也沒有解數，趕忙請教在一

邊不動聲色的劉基。劉基斬釘截鐵地回答，主降者和言逃者一律斬殺，才有可能破敵獲勝。他又說道，陳友諒挾主稱帝，驕橫不可一世，其心無日不忘金陵。現在氣勢洶洶地舉兵順江東下，乃是向我示威，逼我退讓。我們一定不能讓其得逞，唯有奮力抵抗才是上策。他又說，常言道，後舉者勝，陳友諒雖兵驕將悍，但他們行軍千里來進犯我部，既是疲軍乏將，還是不義之舉，而我們後發制人，以充足的兵力應對他們疲憊的軍隊，待敵深入後，我們以伏兵擊之，必勝無疑。而且這是關鍵的一仗，我們一定要打起十二分精神應對來犯之敵。這一番話，既堅定了朱元璋必勝的決心，又穩固了朱元璋部隊的士氣。朱元璋採納了劉基的計策，巧出奇兵擊潰了陳友諒的進攻，使得金陵這塊根據地得到了鞏固。

雖然陳友諒吃了敗仗，退守到江西、湖北一帶，但是他與張士誠兩股力量仍是朱元璋最大的威脅。為了消除後患，朱元璋決定出兵討伐陳、張，以打破包圍，爭取戰略主動。但是在討論先對誰採取行動時大家的意見產生了分歧。有的人提出先向張士誠進攻，因為張離得近，且兵力相對較弱，勝率大些。此外，張士誠所處的蘇湖地區資源富庶，攻佔後對部隊的後勤軍需補給能提供保障。而劉基的主張卻恰恰相反，在他看來，張士誠安於現狀，胸無大志，只求自保，不太會趁人之危，所以不必太放在心上。而佔據長江上游的陳友諒從挾主稱帝就顯示出他龐大的野心，而且他的兵力相當雄厚，對我們的威脅遠大於張氏。若我們先打張氏，陳友諒必定會乘人之危舉兵來犯，而若先打陳氏，張士誠必定保守而不出兵。由此看來，先攻陳氏為上策，而等陳氏被滅，張氏孤立無援，再加上兵力本就薄弱，那麼他們的生死就是我們一句話的事了。待到陳張皆被滅時，我部就可擁麾北上，席卷整個中原，天下便為我所有。劉基高瞻遠矚的局勢分析，為朱元

璋點明了一條掃平四海、建立大業的最佳途徑。朱元璋採納劉基之計，首先討伐了陳友諒，之後又完滅張士誠，為成就大業奠定了堅實的基礎。

「再世蕭何」李善長

　　元延祐元年，李善長出生在鳳陽府定遠縣，也就是今安徽省定遠縣。青年時期的李善長讀書雖然不多，對文墨只是略有研究，但卻很有智謀，尤其喜好法家學說。

　　元至正十四年，李善長跟隨朱元璋東征西戰，打下了大明的江山。當時，正是朱元璋用人之際，急切需要謀臣為其出謀劃策，朱元璋曾經問李善長這天下到底何時才能安定下來，李善長答道：「秦暴虐無道，導致天大亂，漢高祖雖出身布衣，但是他豁達大度，懂得知人善任，懂得黎民百姓之苦，救百姓於水深火熱之中，只用了五年的時間，就打下了漢朝天下。今日雖與往日略有不同，但是此種情形可見一斑呀！」很明顯這一番話就是勸說朱元璋務必要和當日的漢高祖一樣懂得知人善任、不嗜殺人，成就帝王霸業便指日可待。這一席話也讓朱元璋深深體會到用人的重要性，對李善長頗為青睞，任命其為參謀，參預機要，不斷委以重任。以後，朱元璋的威名日盛，順理成章前來投奔的人也與日俱增。朱元璋就讓李善長對他們進行考察，繼而薦舉優秀人才為國家盡忠。哪有牙齒碰不到嘴唇的，臣僚之間如果出現什麼矛盾，也是由李善長做雙方工作，慢慢消除隔閡。李善長對人謙和，在用人方面有自己獨到的見解。當時郭子興看重李善長的才能，想把李善長調到自己身邊，李善長堅辭不去，朱元璋看在眼裡，喜在心裡，也因此更加信任他了。

　　至正十五年，朱元璋攻下太平府，設置太平興國翼元帥府，自稱大元帥，同時任命李善長做帥府都事。第二年。朱元璋再任江南行中書省平章一職，命李善長為參議，並把軍機進退，賞罰章程的任務交

予他，由他自行裁決。後來將樞密院改為「大都督府」，李善長兼任大都督府司馬一職，升至行省參知政事。

至正二十四年，朱元璋自封為吳王，李善長為右相國。由於李善長擅長辭令，朱元璋的所有招納，都由他代草。幾次大的戰鬥都是李善長留守，以確保後方安定。前方的戰事接連不斷，命將四徵、百萬供給等，都是由李善長進行轉調。

至正二十七年，朱元璋冊封李善長為宣國公。朱元璋改制之後，以左為上，朱元璋便封李善長為左相國，可謂是一人之下，萬人之上。

洪武元年一月四日，朱元璋在南京稱帝，李善長被冊封為左丞相，兼太子少師，並授銀青榮祿大夫，管理軍國重事。他的官制、禮儀等都與旁人不同，同時，李善長還監修《元史》，編撰了《祖訓錄》、《大明集禮》等書。上至封建諸王，下到爵賞功臣，朱元璋都要委託李善長和諸儒臣進行商議之後再執行。

洪武三年，朱元璋對開國功臣行冊封大禮，授予李善長開國輔運推誠守正文臣、特進光祿大夫、左柱國、太師、中書左丞相的崇高榮耀；冊封韓國公，允許子孫世襲；授予鐵券，同時免李善長二死，李善長的兒子免一死。當時被封為公者一共有六個人，李善長位列第一，朱元璋下達的詔書中將他與蕭何作比較，言辭中對他褒獎有加。李善長的事業達到了巔峰，功高蓋主，漸漸遭到了朱元璋的忌憚。

洪武四年，李善長因病不能上朝參政。洪武五年，李善長病癒之後，朱元璋派他去督建臨濠宮殿，一去就是幾年。在李善長離開京城的這幾年的時間裡，朱元璋又提拔李善長的弟弟李存義做太僕丞。朱元璋還把心愛的臨安公主下嫁給李善長的兒子李祺。李善長功績顯赫，位高權重，在他的全力推薦之下，胡惟庸坐上了左丞相的寶座。胡惟庸身為丞相，大權在握，專行橫斷。

　　洪武二十三年，監察御史狀告李善長和胡、藍相勾結。朱元璋大怒，嚴厲斥責李善長「元勳國戚，知逆謀不舉，狐疑觀望，心懷兩端，大逆不道」，賜死。

　　就這樣，李善長輝煌的一生結束了，終年七十七歲，株連全家七十多人一律處斬。李善長也算悲哀，身為男人沒能保全家人。

擅長謀劃邊防的四朝元老

　　洪武四年，楊榮出生在福建建安一個相對富裕家庭，從小過著養尊處優的生活。楊榮的祖父楊達卿生性純厚，樂善好施，他的父親楊士美也是一個十足的好男人，以守業教子為樂。楊榮十七歲的時候就被選入郡庠。建文元年，二十九歲的楊榮參加福建鄉試，以第一名的好成績高中。第二年，楊榮不負眾望，在禮部考試中取得第三名，殿試獲二甲第二，皇帝賜進士，在翰林院任職。

　　建文四年，朱棣攻下南京，楊榮、解縉等大臣一同迎附。楊榮向朱棣進言，建議先謁孝陵再登基，朱棣欣然採納。燕王朱棣登基之後，在翰林院若干大臣中選中楊子榮、楊士奇等人一同參與國政。楊榮在所有大臣中最為年輕，頭腦最為靈活，反應也算靈敏。每每內閣議事，朱棣總是不苟言笑，大臣各持己見，相持不下，朱棣的臉色就會越發難看，這時候大臣都會戰戰兢兢，心生怯意，感覺無所適從。只有楊榮能夠打破僵局，緩和氣氛，令朱棣化解心中的怒氣，使得君臣意見達成一致。因此，朱棣對他格外寵愛，還親自將「楊子榮」改為「楊榮」。

　　正所謂知己知彼，才能百戰不殆。在朱棣執政期間，楊榮因為擅長謀劃邊防，被朱棣委以重任，派他去甘肅、寧夏等地瞭解邊防。之後，楊榮再根據對當地的山川形勢、軍事配備、軍民士氣、城堡建設等的考察研究，提出設想和對策，對於楊榮的這些建議朱棣都會予以鼓勵和採納。

　　永樂八年，朱棣親自率領軍隊北征，這是朱棣的第一次北上，朱棣命楊榮為貼身大臣，相伴左右。由於先前偵知了韃靼軍隊的情況，

對敵軍有一定的瞭解，為了早日結束戰爭，避免不必要的傷亡，朱棣親自精選精銳部隊長途跋涉，激戰過後，大敗敵軍。在班師回朝的途中，明軍的糧草供不應求，幾乎斷糧。楊榮則建議朱棣把御用儲草散發給士兵，以解燃眉之急，朱棣採取了他的建議，這才使得明軍順利度過糧荒，凱旋回朝。

永樂十二年，皇太孫朱瞻基跟隨朱棣第二次遠征蒙古，按照慣例楊榮再次隨行。這次，楊榮的責任更重了，他除了要和朱瞻基講說經史，還要負責掌管玉璽金印，說白了，就是朱棣的秘書。行軍打仗期間，楊榮建議憑藉軍屯來解決糧草短缺的問題，朱棣欣然採納了他的意見。

幾年後，首輔胡廣去世。朱棣向來敬重楊榮的才幹，胡廣死後，首輔的職位一直空著，這是一個不可多得的好機會，朱棣立即下旨，晉升楊榮為首輔，兼翰林院掌院學士。

之後，朱棣遷都北平。不久，新宮的奉天、華蓋、謹身三座大殿因為雷擊起火，情況萬分危急，楊榮此時又發揮了重要的作用，指揮守衛奮力搶救，使一些重要圖籍得以完好，經過此事，朱棣對楊榮更加信任了。

永樂二十年，朱棣第三次北征，楊榮伴駕，這一次明軍無功而返。第二年，朱棣親自率軍進行第四次北征，只要是與軍務有關的事情朱棣都會讓楊榮參與，不僅這樣，每次朱棣召見楊榮，還會親昵地稱楊榮為「楊學士」。可見，朱棣對他有多麼信任和依賴。

朱棣第五次北征的時候，明軍已經進入翠雲屯，卻還沒有發現阿魯臺的蹤影，在楊榮等人的極力勸說之下，朱棣班師回朝。同年七月，朱棣在回師的途中病逝，楊榮覺得此時到北平的路程還很遠，為了防止軍心渙散，建議密不發喪。楊榮獨自一人回到北平向太子稟告情況，請太子給予裁決。朱高熾順利地登上了皇帝的寶座，國家政局

沒有發生一絲一毫的變動，穩定如初。因功楊榮被晉為太子少傅、兼任謹身殿大學士兼工部尚書。

洪熙元年，朱高熾駕崩，朱瞻基登基。此時，漢王朱高煦起兵發動叛亂。皇帝年紀尚小，對於朝政之事經驗尚且不足，猶豫不決的小皇帝即刻召見楊榮商討應對之策。楊榮認為，與其等到朱高煦瀕臨城下之時再予以反抗，還不如趁現在朱高煦尚沒有準備充分的時候，給他一個措手不及的打擊，御駕親征，在戰爭中佔據主動地位。朱瞻基欣然接受了楊榮的建議，以迅雷不及掩耳之勢攻佔樂安，朱高煦投降，叛軍即刻被平定了。

宣德十年，朱瞻基駕崩，朱祁鎮繼承大業。太皇太后張氏掌握實權，干涉攝政，權傾朝野，將重任委於「三楊」。楊榮雖年事已高，但是和楊士奇、楊溥二人一同肩負著治理國家的重任。

正統三年，朱祁鎮晉封楊榮為少師。之後，宦官專權，王振的勢力一天天強大，楊榮受到宦官的排擠和打擊，漸漸失去了實權。

正統五年，楊榮上書，要求告假回鄉掃墓，朱祁鎮命太監護行，真是風光極了。同年七月，楊榮在回鄉的途中去世，卒年七十歲。追封太師，諡號文敏。

最後的宰相胡惟庸

　　朱元璋登基，任命李善長為左丞相，徐達為右丞相。李善長是朱元璋在率軍攻下滁陽後，接納下來的謀士。他非常擅長指揮作戰、組織供應，凡事經他之手必定解決得很完美。自朱元璋稱吳王時起，李善長便被任命為右相國，輕鬆解決各種繁雜的問題已充分展現他裁決如流的才幹，被稱為第一大功臣也不為過。洪武元年任左丞相，封韓國公，在朝廷位列第一。因徐達常年在外帶兵打仗，實權都掌握在李善長手中。而他的兒子李祺又被朱元璋招為駙馬，因此權勢更加顯赫，成為朝廷中真正掌握實權的淮西集團首領。

　　因為淮西集團的勢力日益膨脹，逐漸對皇權產生了威脅。朱元璋對其頗為顧忌，於是在洪武四年，以年高體虛為由，辭退李善長。李善長時年五十八歲。其實，朱元璋早就想撤換李善長，還曾經向劉基請教合適人選以代替李善長。但是劉基卻說道：「善長為元勳舊臣，能調和諸將，在群臣中影響頗深，因此不宜驟換。」朱元璋道：「善長經常揭你的短，你還要替他說情嗎？朕將任命你為右丞相。」劉基連忙說：「臣實小材，怎能勝任？」劉基清楚知道，在淮西集團當權的情況下，自己必然會受到群臣的排擠，因而堅決不答應朱元璋的任命。朱元璋拿劉基沒辦法，只好另尋他法，又問：「楊憲這個人怎麼樣？」劉基答道：「他雖有才能，但沒有應有的大器。」朱元璋又問：「汪廣洋如何？」劉基道：「器量偏淺，比憲不如。」

　　而當太祖問及胡惟庸，劉基連連搖頭，脫口而出道：「不可不可，區區小犢，一經重用，償轅破犁，禍且不淺了。」這時，朱元璋什麼話都說不出來了。但是後來朱元璋還是不顧劉基的反對，任用了

李善長薦舉的善於逢迎的胡惟庸。劉基得知後感歎道：「惟庸得志，必為民害。」不想這話被胡惟庸聽曉，自此便對劉基耿耿於懷。到了後來，事實再一次證明了朱元璋不聽劉基的意見是一個錯誤。

因李善長在朱元璋面前說盡好話，胡惟庸才能如願以償得到提攜，於洪武六年，進入中書省，與汪廣洋同任右丞相，同時左丞相的位置空缺了出來。胡惟庸入相後，朱元璋非常賞識他的精明幹練。這期間，李善長的侄子李祐還娶了胡惟庸的侄女為妻，兩家結成姻親。這使得胡惟庸與李善長關係更進一步。因為有這樣的元老重臣作為自己的後盾，再加上李善長的舊屬們也處處維護他，胡惟庸可謂如魚得水，愈發的膽大妄為。又因他處處逢迎，漸漸深得朱元璋的寵幸。到洪武十年，胡惟庸進左丞相，獨攬丞相之權。

胡惟庸是一人之下萬人之上，權勢的不斷增大使得胡惟庸日益驕橫跋扈，為所欲為。諸臣所呈奏章，必先經過胡惟庸的審閱，凡是有對自己不利的奏章，一律私自攔下。他完全按照自己的意願提拔、處罰官員，凡是想要獲得提拔的官員，都投奔於他的門下，送給他不計其數的金帛、名馬、文玩。一時間胡惟庸權傾朝野，人們只得看他的臉色行事，敢怒不敢言。

對於那些異己者，胡惟庸必定殘忍打擊報復。之前，因入相的事情，胡惟庸與劉基結下了梁子。有一次，劉基奏請設巡檢司對一向為鹽梟佔據的甌閩間有一片名叫談洋的空地進行管轄，但是鹽梟不服，糾眾作亂。劉基兒子劉璉將實情上奏，卻沒有事先向中書省報告。這件事被掌管中書省的胡惟庸知道後，認為是劉基蔑視他，越加憤怒，於是唆使刑部尚書吳雲彈劾劉基，誣稱談洋有王氣，劉基想據為己有，用來修墓，應嚴加懲處。朱元璋信以為真，便對劉基奪俸，劉基憂憤成疾，不久後便飲恨長眠了。

其實當時也有人試圖反抗胡惟庸的隻手遮天。大將軍徐達對胡惟

庸的擅權亂政，深惡痛絕，便把他的劣跡上告朱元璋。誰知這事被胡惟庸聞知後，企圖誘使徐達家的守門人福壽謀害徐達。幸虧福壽一心向主，未能讓胡惟庸得逞。由此可見胡惟庸氣量多麼狹窄、心計多麼毒辣。

其實朱元璋對胡惟庸的所作所為也略有察覺，對他的私自動權更是不滿。洪武十二年九月，發生的阻隔占城貢使一事，胡惟庸等人不僅未及時引見占城貢使，還與禮部互相推卸責任，這可惹怒了朱元璋，將他們全部囚禁起來。顯而易見，此時的朱元璋已經嚴重懷疑胡惟庸了。就在這年十二月，又有人查出汪廣洋被賜死。朱元璋得知後，更為震怒，說道：「沒官婦女只給功臣家，文臣何以得給？」勒令法司要徹底追查此事，發現上至胡惟庸下至六部堂屬各官都難辭其咎，負有罪責。這時的胡惟庸已經處在懸崖邊緣了。

群臣看到胡惟庸已經失寵，不可能再為所欲為。洪武十三年正月，御史中丞涂節率先呈上奏摺狀告胡惟庸意圖謀反。與此同時，被貶為中書省屬吏的御史中丞，也揭發胡惟庸的許多令朱元璋難以想像的隱私。

朱元璋接到狀告後，立即開庭對胡惟庸進行審問，隨即就把胡惟庸處死了。

洪武十三年，雖然胡惟庸被處死了，但是胡惟庸案遠沒有結束，對於胡惟庸的罪狀一直都在搜集查證。

洪武十八年，有人告發李存義和他的兒子李祐，曾經夥同胡惟庸密謀造反。雖然胡惟庸早已被誅，但李存義也遭牢獄之災。這可是禍從天降，而且是大禍，一時間李家上上下下惴惴不安。但令李家沒想到的是朱元璋對此事並未深究，僅僅是下詔命把李存義與李祐貶到崇明島閒住。可能是因為朱元璋念李善長為功臣元老，才會特地從輕發落。朱元璋本以為李善長會感激不盡，不曾想李善長對此事全然不予

理會，這令朱元璋非常不快。

胡惟庸案不時還有新的線索被發現。洪武十九年，明州衛指揮林賢通倭被逮，他承認是奉胡惟庸之命下海通倭的，胡惟庸謀反案更加清晰了。洪武二十三年，封績被捕。封績本是元朝時的舊臣，後來降於明，傳聞他經常於蒙、漢之間往來，還曾為胡惟庸給元嗣君送信。在信中胡惟庸自稱臣，並懇請元嗣君出兵為其外應。其實早在大將軍藍玉出塞時，就曾捕獲過封績，但因李善長從中作梗，此事並未上報，便放了封績。這次封績進宮，終於把李善長也牽扯了進來。

恰逢此時李善長為了自己年老享樂而大興土木，私自向信國公湯和借三百衛卒以補充工人的匱乏。讓士兵去幹活，本是家常便飯之事。令李沒想到的是湯和雖不敢當面得罪李善長，便假裝答應，卻暗自向朱元璋報告。這正是李善長集結兵力的有力證據。李善長還為一個因坐罪徙邊的親信求情。本來朱元璋對李善長就非常猜忌，便直接命令將這名親信拿獲。一番審訊後這名親信招了不少李、胡兩家相互往來的事情。朱元璋由此認定了李存義、李祐父子夥同謀叛的罪狀，下命重新開庭審訊李氏父子。

朱元璋頒佈嚴敕說，李善長因「元勳國戚，知逆謀不舉，狐疑觀望懷兩端，大逆不道。」七十七歲的李善長被判處死刑，連同他的親戚一門七十人皆被斬。這之中只有李善長的長子李祺及兩個兒子，因為臨安公主的緣故，免除死罪僅是流放。

與此同時，陸仲亨與唐勝宗、費聚、趙雄三名侯爵被陸仲亨的家奴告發，曾與胡惟庸密謀串通。一場清除內患的大舉動波及全國，經統計，共有三萬餘人被株伐。就連與胡惟庸關係並不十分熟悉的「浙東四先生」也沒能逃脫，葉昇、宋濂的孫子宋慎也牽連被殺，宋濂本人死於四川茅州。

　　為了撫民心，朱元璋特意出版《昭示奸黨錄》，發往各地，以告誡臣民以此為戒。至此，胡惟庸一案才落下帷幕，前後延續了近十年。

被誅十族的方孝孺

　　方孝孺自幼聰明好學，被鄉人稱呼為「小韓子」。十五歲時隨父兄北上濟寧，勵志攻讀。他的父親方克勤曾任濟寧知府，後因空印案被殺。長大後拜大儒宋濂為師，深受器重。人們對他的看法大相徑庭，有的人贊其盡忠，有的人卻責其愚忠。雖然多次參加考試從來沒中，但完全不影響其聲名顯赫。洪武年間，朱元璋雖然非常欣賞方孝孺的舉止和學問，卻沒有任命他做官。皇太孫朱允炆登基之後，招方孝孺入京，予以翰林侍講學士的職務，在擔任建文帝老師的同時，還要主持京試，推行新政。因拒絕在「靖難」之役期間拒絕為燕王朱棣草擬即位詔書，最後孤忠赴難，被誅十族。

　　洪武十五年，東閣大學士吳沉和楊樞向朱元璋舉薦他在奉天門作〈靈芝〉、〈甘露〉二詩，方孝孺出色地完成了兩首詩。在宴會上，朱元璋為了試探其為人，命人刻意將桌子斜著擺放。方孝孺沒有立刻坐下，而是輕輕將桌子擺放整齊。朱元璋見方孝孺不僅學識淵博，而且舉止端莊，為人謙和，非常欣賞他。只可惜，方孝孺因從小接受儒家思想的薰陶從而主張施行仁政治國的思想違背了朱元璋以武力治國的政治方針，朱元璋並未重用方孝孺，而是賞予錦帛並送回家鄉。在之後的十年時間裡，方孝孺一直在家中讀書、寫作，流傳至今的主要著作有《周易考次》、《宋吏要言》等。洪武二十一年，方孝孺被仇家陷害，被抓到京城審問。朱元璋看到是自己非常欣賞的方孝孺時，網開一面，將其釋放。

　　洪武二十五年，方孝孺第二次受到他人的舉薦，出任漢中府學教授一職。蜀獻王非常賞識他，特地聘請他為世子師。

　　洪武三十一年，朱元璋駕崩，皇太孫朱允炆繼位後，下詔書聘方孝孺進京，任命他為翰林侍講學士。第二年，方孝孺升遷入值文淵閣，朱允炆拜他為師，每當讀書遇到問題時便會向他請教，甚至於一些國家大事也會徵求他的意見。朝廷命人改寫《太祖實錄》及《類要》等書目時，任命方孝孺為副總裁。後來他又曾擔任文學博士，與董倫、高遜志等主持京考。方孝孺從心底十分感激建文帝朱允炆對他的知遇之恩。因此，他下定決心輔佐建文帝治理天下。

　　當時，盤踞於各地的藩王實力逐漸增強，對朝廷的威脅日益增大。為了鞏固中央集權，兵部尚書齊泰和太常寺卿黃子澄建議建文帝對諸藩王採取軍事行動以削弱藩王的勢力。

　　建文元年七月，駐守北平的燕王朱棣揮軍南下進犯京師。建文帝不得不派兵北伐。怎奈燕王指揮有方，憑藉其強大的軍事力量使朝廷的兵力一步一步潰退。

　　建文四年，燕軍終於兵臨城下。謀士姚廣孝向朱棣諫言說，即使我們攻下城池，方孝孺也絕不會投降。但是我們一定不能殺他，否則將是天下的一大損失。朱棣對方孝孺也是早有耳聞，他的學識品德更是傳遍了四海。朱棣怎麼不想利用方孝孺的影響力收攬人心。朱棣攻下京城後，許多舊官紛紛轉頭投靠於他。方孝孺卻堅定自己的立場，絕不投靠朱棣。無可奈何的燕王只得將方孝孺打入大牢。期間朱棣曾多次派人到獄中說服方孝孺撰寫新皇帝即位的詔書，但是這根本無法打動方孝孺的心。就連朱棣派去的方孝孺的學生廖鏞、廖銘二人都被方孝孺臭罵一頓無果而返。朱棣無奈下令強行將方孝孺押解上殿。告訴他朱允炆早就死了，並勸他像周公輔助成王一樣輔助自己即位。方孝孺披麻戴孝而入，悲慟大哭，並說朱允炆的兒子應繼位。朱棣含糊答道：「你不要管，這是我們的家事。」見方孝孺不肯就範，朱棣只好命人強迫他寫詔書。而方孝孺卻提筆一揮，寫下「燕賊篡位」。朱

棣見狀生氣地說道：「難道你不怕我誅你九族？」方孝孺毫無畏懼，說：「有本事你誅我十族！」朱棣見方孝孺寧死不屈，殘忍地命人把方孝孺從嘴角直割到耳朵。方孝孺不顧滿臉的血鮮血以及劇痛罵不絕口。朱棣將方孝孺打入死牢，並大肆搜捕他的親屬。行刑當日，他的親屬被押往南京聚寶門外的刑場，當著方孝孺的面一個一個殺死。

靖難之役的策劃人姚廣孝

姚廣孝是明朝歷史上的一朵奇葩。他出生於醫生世家，卻愛鑽研謀略；不用為吃飽穿暖而操心，但是從小就離家出走；他既入空門，卻偏對政治感興趣；他既不輔佐明太祖又不助建文帝，卻竭盡全力輔佐燕王。但是在燕王登基稱帝後，他卻低調地退出歷史舞臺，這都說明了他是一個奇人。他從未參加科舉考試，但對儒、釋、道家思想全面掌握；上知天文下知地理，言無不中，所以人們稱之為奇才。他在輔佐燕王的時間裡，運籌帷幄，算無遺策，屢建奇功，憑藉其卓著功勳留名青史。

出生後，他的父親想讓他繼承家業，但他死活不同意，非要讀書做官或者學佛。

元至正十二年（西元1352年），僅僅十幾歲的姚廣孝到家鄉附近的妙智庵當了和尚，取法名道衍。但他做官的願望沒因做和尚而泯滅，他一直在研究兵法。後來，著名道士席應真收他為徒，授予他《易經》、方術。姚廣孝終日研究排兵佈陣、用兵伐謀。一日，姚廣孝在嵩山遇上了袁珙（元末著名的相面先生）。袁珙說他是「形如病虎，性必嗜殺」的「異僧」，與元世祖忽必烈的名僧劉秉忠是一類人。姚廣孝聽後不但沒有不高興，反而更加堅定了其幹一番大事業的信念。

至正二十三年（西元1363年），姚廣孝與愚庵大師一起探討名文著作，成為當時頗有名望的高僧。「浙東四學士」宋濂、高啟等經常與他交遊。明朝建國後，其它人都獲得了一官半職，唯獨他一無所獲。而這些都沒有讓姚廣孝放棄心中成就大業的願望。

　　洪武十五年（西元1382年），朱元璋的結髮妻子馬氏不幸病逝。為了向馬皇后祈福，朱元璋到處尋找高僧，並且讓他們在皇子的封國裡修寺誦經。憑藉時任僧錄司左善世的極力推薦，四十七歲的姚廣孝進入應徵之列。姚廣孝到南京見到燕王朱棣後兩人言談頗為投機，相見恨晚。朱元璋見此便把姚廣孝許給朱棣。沒過多久，姚廣孝隨燕王來到北平。他以主持的身份住進慶壽寺的同時還經常出入燕王府，與燕王密談國事，成為燕王最親近的心腹。

　　洪武三十一年（西元1398年），朱元璋病逝之後，皇太孫朱允炆繼位登基。建文帝繼位登基後，開始著手削藩。姚廣孝意識到自己立功的機會到了，便鼓動朱棣起兵反叛，還向朱棣介紹袁珙和另一名著名術士金忠，以此為朱棣樹立信心。朱棣便暗自招兵買馬，還勾結許多軍中將士，秘密在宮中製造武器。姚廣孝特意把兵器場安置在地下以防洩密，還養了一群鴨鵝，以掩蓋鍛造兵器和士兵操練的聲音。同時，朱姚二人還一起商量對策。

　　建文元年（西元1399年）七月，燕王以「清君側、誅齊黃」為名發起「靖難」之役。雖然姚廣孝只是留守北平，但事實上整個戰爭都是他安排好的。建文二年（西元1400年），朱棣帶領部隊圍攻濟南，但一直攻不下來。姚廣孝命人快馬加鞭地給朱棣傳口信，鳴金收兵。之後，姚提出輕車從簡，避開大城市，直接進軍南京。不出姚廣孝之料，建文四年（西元1402年），朱棣攻克南京之後立即登上了夢寐以求的皇帝寶座。朱棣認為「靖難」之役中姚廣孝雖然沒有親臨戰場與將士們出生入死，但指揮有方，首功非姚廣孝莫屬。他懇請姚廣孝還俗，還專門賜予姚廣孝豪宅美女。但姚廣孝深知功高震主的危險，拒絕還俗，只是答應繼續在宮中為官。朱棣見其心意已決，便任命他為官僧錄司。朱棣把他當做最重要的謀士與心腹，凡是朝中遇到重大事務，必定與其一起商討。朱棣上臺後立即著手修訂洪武和建文兩朝的

史錄，已經七十五歲的姚廣孝全面負責監管這項工程，歷時七年之久。此外，姚廣孝還和解縉等人主持修纂了《永樂大典》，著名的「永樂大鐘」也出自他之手。

永樂二年（西元1404年），姚廣孝被任命為太子少師，復其姓，賜名廣孝。同年八月，姚廣孝回鄉省親訪友，卻落得眾叛親離。

永樂十六年（西元1418年）三月十八日，姚廣孝因積勞成疾於慶壽寺病逝。朱棣下令綴朝兩日為姚廣孝致哀。還尊重姚廣孝的意願，以僧禮下葬，並追贈「推誠輔國協謀宣力文臣」，特晉榮祿大夫、上柱國、榮國公，諡恭靖。

兩袖清風的忠臣于謙

　　于謙永樂十九年中進士，宣德初年被授予御史的官職，出任江西，後來被封為兵部右侍郎，河南以及山西的巡撫。正統十四年奉詔做了兵部左侍郎。後來瓦剌和明朝征戰，明軍在土木堡大敗並且英宗皇帝被瓦剌軍俘虜，消息傳到京城後，太后和皇后焦急不安。她們想，國不能一日無主，當務之急是把皇帝贖回來。於是派太監暗地裡送給瓦剌軍一大批珍貴的金銀珍寶、綾羅綢緞。沒曾想瓦剌軍收下了這些金銀財物後，卻食言不放明英宗。京城裡留下的守兵本來就不多，京城大街上還經常有那些從土木堡逃出來的殘兵竄來走去，更增加了京城人的恐懼感。

　　為了先穩人心，郕王朱祁鈺被皇太后下懿旨宣佈代行皇帝職權，並四處召集應對瓦剌軍的良策。無奈大臣們都想不出個好辦法。有個叫徐有貞的大臣提出：「現在我們的軍隊不足以抵抗瓦剌軍，如果瓦剌軍殺到京城，我們根本守不住京城。要不咱們先到南方避一避鋒芒，待養足了精神，有足夠的力量時，再進行反攻。」

　　時任兵部侍郎的于謙聽到這話怒髮衝冠，厲聲說道：「這話太荒唐了。如果我們連京城都沒了，還怎能稱為一個國家？朝廷南遷就意味著大明朝的氣勢被打倒了。南宋將朝廷南遷失了京城、丟了國土，最後被元兵消滅，就是個最為典型的例子，我不會任由大明朝重蹈南宋的覆轍！」這一番話得到了太后和眾臣的贊同，太后便給了于謙守城的指揮權。

　　于謙出生於浙江錢塘（今杭州），從小就有鴻鵠之志，把宋朝的文天祥當做自己心中的榜樣。經過刻苦學習終於考中進士，步入做官

之路。在他還是個小小地方官的時候，就公正執法，一心為民。

在做河南巡撫時，他放糧賑災，關心人民的疾苦，受到百姓的擁戴。當時的朝廷極其腐敗，宦官王振隻手遮天，貪污受賄風氣成了主流，而于謙卻泰然自若，從不接收別人的賄賂。有人勸他說：「只是一些地方土特產而已，怕什麼？」于謙笑著擺擺衣袖說：「我有的只是兩袖清風。」由於于謙剛正不阿，從來不獻媚討好王振，從而得罪了王振，王振整天想著發難整他。但他實在抓不到于謙的把柄，只好讓手下誣告于謙謀反，並將其打入死牢。于謙曾任職過的地區的百姓一聽說于謙遭小人陷害而入死牢後，紛紛向英宗施壓，要求釋放于謙。王振迫於百姓的壓力，只好放了于謙，並且讓其官復原職。

于謙在這次京城危急來臨的時候，積極擔負起守城重任並主張堅持抵抗瓦剌軍的進攻。他在京城和附近各關口加強了防守兵力，調兵遣將，嚴整軍中紀律，還揪出瓦剌軍在軍中的奸細，做足了戰鬥的準備。

一天，監國郕王上朝時，大臣們一致要求公佈王振的種種罪狀。雖然是監國，但畢竟不是真正的皇帝，不敢私自做這個主。王振的同黨宦官馬順見不宣佈大臣們就不肯退朝，就想喝退眾臣。沒想到這一喝激起了眾臣的憤怒，一擁而上把他揪下來便是一陣拳打腳踢，把對王振的氣都出在馬順身上。結果馬順被打死，成了王振的替死鬼。

朱祁鈺被這陣勢嚇得欲躲進內宮。于謙趕忙攔住了他，說：「正是因為王振我們才輸掉這場戰爭，沒有他就沒有這些災難，恐怕唯有嚴懲王振才能撫順民心。」一席話說醒了朱祁鈺，隨即滿門抄斬王振一家，還殺了他的一些同黨。

瓦剌軍抓走了明英宗，並不殺他，卻總是以明英宗為擋箭牌來擾亂明朝。群臣想英宗短時間內回不來，朝廷也不能老是沒有皇帝。于謙便帶頭請太后任命朱祁鈺做正式的皇帝，而改稱久不能歸的英宗為

太上皇。就這樣，朱祁鈺稀裡糊塗地成了皇帝，史稱明代宗。

瓦剌軍知道明朝換了新主，還是不甘心，以送還英宗為藉口向京城進軍。很快，瓦剌軍安營紮寨於西直門外。于謙召集各路將領前來商討應敵良策。大將石亨提議暫時撤回城外守城的守軍，緊閉城門，等些時候敵人自己就會撤走。

于謙聽後反對道：「這麼做無異於長他人威風，我們應該掌握主動權，先於敵人進攻，讓敵人的囂張氣焰消失。」便命令自己所帶的兵在城門外佈陣，而他親自駐守德勝門外。

待到將士全部出城安頓好後，于謙為了告訴全體將士沒有退路，只有拼死一戰，下令關閉全部城門。還頒佈了一道軍令，無論將領兵士，凡是臨陣脫逃者，一律斬首。全軍氣勢大增。

其它地區的明軍接到朝廷命令後也陸續前來予以支持，這時明軍總數已增到二十二萬，聲勢浩大。

瓦剌軍耐不住了，先後發動幾次進攻都無功而返。在同明軍連續五天的廝殺中，就連城外的百姓也來助戰。瓦剌軍幾次慘烈的敗仗下來，死傷大半。見連連失利，瓦剌軍不敢戀戰，慌忙撤退。于謙又用火炮轟擊潰敗的瓦剌軍。整場戰鬥大獲全勝。

于謙因在保衛京城的戰爭中功不可沒，受到群臣的愛戴，就連明代宗都很敬重他。

瓦剌軍慘敗而歸後，元氣大傷，軍隊所剩無幾，見留著英宗也沒用了，索性放英宗回了北京。

西元一四五七年，明英宗回到京城七載，卻一直只是個太上皇，手裡沒有實權。後明代宗得了場久治不愈的大病。徐有貞和石亨乘機勾結宦官，帶兵衝進宮裡，逼著代宗退位，擁戴英宗復位。沒多久，代宗就氣死了。

因之前北京告急的時候，徐有貞、石亨都曾遭到于謙的駁斥，兩

人早就看于謙不順眼。這回他們幫助英宗復了位,一直在英宗面前說于謙的壞話。明英宗也因為于謙幫助代宗稱帝而耿耿於懷,記恨于謙,竟無視于謙立下的汗馬功勞,判他一個莫須有的罪名,罷官殺死。京城百姓聽說于謙被害後非常悲痛。至今,人們還沒有忘記他的事蹟。

專擅媚上的奸佞權臣嚴嵩

　　嚴嵩不僅是明世宗時期的重要權臣，也是中國歷史上著名的權臣之一。嚴嵩在孝宗在位時考取進士，不久之後卻隱居故里，讀書八載。他於武宗時期還朝復官。世宗繼位後，因一味沉迷於道教方術而移居西苑，提升嚴嵩為內閣首輔。在此之後的二十年中他擅專國政。後為世宗抄家去職。嚴嵩利用自己職務之便竊權罔利，大力排除異己，導致當時的社會矛盾激化。《明史》稱嚴嵩「無他才略，惟一意媚上，竊權罔利。」但同時也有誇讚他的，說他「於詩文，各極其工」、「字字皆詩，句句有味」。

　　嚴嵩，於成化十六年（西元1480年）在江西袁州府分宜縣（今江西新餘市分宜縣）出生，家境貧寒。嚴嵩從小便非常聰明，非常善於作對。弘治十一年（西元1498年），嚴嵩參加鄉試並中舉，那時的他僅僅十八歲。弘治十八年（西元1505年）參加會試並考中二甲進士，被選為庶起士入翰林院就讀。

　　正德二年（西元1507年），嚴嵩授翰林院編修。不久，因丁憂回籍守制。劉瑾擅權後受焦芳的挑唆，朝廷排斥南方士大夫，並明確提出「毋得濫用江西人」。這導致嚴嵩丁憂期滿後沒有回朝，而是隱居於其家鄉鈐山之麓建鈐山堂讀書八載。在這八年中，嚴嵩過著悠閒的田園生活，曾作詩「一官係籍逢多病，數口攜家食舊貧」。而「近知理俗事，學種南山田」也反映了他當時的生活情況。期間他還著作了《鈐山堂集》，並總纂了《正德袁州府志》，其詩文峻潔，聲名愈著。

　　正德十一年（西元1516年），嚴嵩復官回朝。回朝後嚴嵩批評了

武宗寵信權宦、沉迷享樂、大肆修造宮殿給人民帶來的沉重負擔。正
德十六年（西元1521年），世宗朱厚熜即位後不久，嚴嵩被提升為南
京翰林院侍讀，署掌院事。

嘉靖四年（西元1525年），嚴嵩升國子監祭酒，從南京遷回北
平。當時由於「大禮議」一案，許多地位較低的官僚借機升遷，而當
時在翰林院任職的嚴嵩並沒有像大多數翰林官那樣堅決擁護楊廷和等
人的主張。嘉靖七年（西元1528年），嚴嵩受世宗派遣前往湖廣安陸
（今湖北鍾祥）監立顯陵碑石。回來後，嚴嵩上呈兩道奏摺。一道敘
述了途中所見祥瑞，另一道則講述了河南災區的情況，因為進獻符
瑞，是世宗所樂於接受的，而救災安民，也是世宗當時所關心的，所
以兩篇奏摺均受到嘉獎。這讓世宗非常欣賞嚴嵩，不久便提拔他為吏
部左侍郎。

嘉靖十一年（西元1532年），嚴嵩先後被提拔為南京禮部尚書、
吏部尚書等職。

嘉靖十五年（西元1536年），嚴嵩赴京朝覲時，因受到內閣首輔
夏言的推薦，世宗將其任為禮部尚書兼翰林院學士。夏言與嚴嵩是老
鄉，又有師生之誼。但夏言仗著比嚴嵩早發達，又有引薦之恩，傲慢
無禮地對待嚴嵩，只把他看作門客，從此兩人關係迅速惡化。與此同
時由於世宗對「議禮」一案的重視，便漸漸頻繁地和嚴嵩接觸。

嘉靖十七年（西元1538年），有人上疏奏請獻皇帝廟號稱宗，以
入太廟。包括嚴嵩在內的許多大臣都想阻止。世宗非常生氣，著〈明
堂或問〉嚴厲地質問群臣。嚴嵩見風使舵，改口「條劃禮儀甚備」。
通過這件事嚴嵩學會了如何以勤勉溫順博得了世宗的好感。但同時，
夏言因堅持拒服道冠法服等事讓世宗感到非常不滿。嚴嵩借機在世宗
面前說夏言的壞話，以除去夏言。

嘉靖二十一年（西元1542年），夏言被革職，而嚴嵩則以禮部尚

書兼武英殿大學士的身份進入內閣參與朝政，同時仍掌禮部事務，並且被加封少保、太子太保的頭銜。第二年，吏部尚書許贊、禮部尚書張璧兩人也進入內閣同嚴嵩一起參與機務。但世宗只與嚴嵩商討大事，導致嚴嵩完全不把許、張二人放在眼裡，凡事獨斷專行。

嘉靖二十三年（西元1544年），嚴嵩取代了因事被削籍的翟鑾成為首輔，並被加封太子太傅兼吏部尚書、謹身殿大學士、少傅、太子太師、少師，獲得了文臣所能獲得的最高榮譽地位。

嘉靖二十四年（西元1545年）十二月，許贊因病離職，張璧又死，夏言又重新被世宗朱厚熜起用入閣。夏言入閣後，一如既往任首輔一職，與嚴嵩的待遇大致相當。雖然嚴嵩心中非常不甘，卻表現得對夏言十分謙恭。嚴嵩用謙恭打敗夏言，又用謙恭維持了世宗對他長期的恩寵。

嘉靖二十五年（西元1546年），曾銑總督陝西三邊軍務，提出收復被蒙古韃靼部佔領的河套地區，這裡灌溉便利，適宜農桑，具有重大軍事意義，該計劃得到夏言的支持。本來世宗是贊同這個提議的，還嚴加訓斥了持反對意見的官僚。但是，嚴嵩利用世宗害怕蒙古韃靼軍的心理，背地裡說這個計劃是「好大喜功」、「窮兵黷武」。恰逢內宮失火，皇后不慎葬身火海。嚴嵩瞄準時機說道：「這災難就是老天為了嚴懲這個計劃。」世宗朱厚熜竟然對此信以為真，提出一系列質疑，並改變了立場。

嘉靖二十七年（西元1548年），夏言被世宗革職。嚴嵩又利用掌管錦衣衛的都督陸炳、總兵官仇鸞與夏言、曾銑兩人的矛盾，誣陷夏言、曾銑兩人交結為奸，害死兩人。嚴嵩在夏言死後，如願以償成了首輔，獨自掌管了整個內閣。嚴嵩一邊排斥異己，一邊極力培植死黨，還在機要部門安插親信，以鞏固自己的權利。嚴嵩周圍聚集了一批惡官，許多人都依仗著他，相傳他有三十多個乾兒子。嚴嵩任命其

義子趙文華任通政使，以控制負責呈送奏章的通政司，所有上呈的奏摺必先經嚴嵩閱看，然後才上奏。

嚴嵩利用自己的權利之便，貪污納賄，無惡不作。嚴嵩擅權專政期間，每天都有許多人到他家行賄。而且，嚴嵩父子在各地都侵佔有無數的豪宅、良田。

許多官吏通過嚴嵩保官升職，其中不乏戍守邊疆的將士，把駐邊軍糧大半賄賂了嚴嵩，以致軍士饑疲，邊防大壞，無力抵禦蒙古韃靼部軍隊的騷擾，造成了北方韃靼和東南倭寇對明朝的嚴重威脅。韃靼部俺答汗率軍於嘉靖二十九年（西元1550年）直接攻到京城郊區，對京城造成巨大威脅。

許多正直的官員對嚴嵩父子這種行徑感到非常憤慨，紛紛上書揭露其罪惡嘴臉。

嘉靖三十年（西元1551年），錦衣衛沈練明確說道：韃靼部俺答汗之所以能攻到京郊如入無人之境，都是因為嚴嵩。沈練還直言不諱指出嚴嵩無數重罪，並肯請皇上誅殺奸臣嚴嵩。

嘉靖三十一年（西元1552年），世宗逐漸開始冷落嚴嵩，曾四次在大臣入值時不宣召嚴嵩，並且當他試圖隨同其它閣臣進入西苑時，也遭到衛兵的阻攔。

嘉靖三十二年（西元1553年），兵部員外郎把嚴嵩的罪行主要歸納為十大罪、五大奸，並進行了全面揭發。不曾想，嚴嵩利用世宗朱厚熜拒諫護短的毛病，混淆是非，顛倒黑白，不僅使自己毫髮無損，而且還對那些忠臣們進行了嚴酷的迫害和打擊。其中最倒楣的就是沈練，不光被廷杖、貶謫，最後又被冠以莫須有的罪名遭到殺害。而楊繼盛也被世宗以誣陷大臣罪廷杖一百下獄，嚴嵩無中生有地把楊繼盛牽扯到另一案中處以死刑。

嘉靖四十一年（西元1562年），嚴嵩的夫人去世，他的兒子嚴世

蕃因為要回家守孝，無法再打理朝政。世宗也因為八十二歲高齡的嚴嵩在接到詔書時往往不知所云，所以日益寵信徐階，這時候在世宗心目中，嚴嵩的地位也逐漸下降。有一天世宗問誰是小人，藍道行答說：「賢如徐階、楊博，不肖如嵩。」善於投機的御史鄒應龍恰巧知道了這事，於是就上書攻擊嚴嵩、嚴世蕃父子。同年五月，嚴嵩被革職，嚴世蕃下獄，由徐階擔任內閣首輔。

後嚴嵩回到江西老家，儘管他曾為家鄉父老做過一些好事，但晚年景象也十分淒涼。隆慶二年（西元1567年），八十八歲的嚴嵩死在人們的唾罵聲中。

宦海沉浮的首輔夏言

　　夏言，字公瑾，於成化十八年（西元1482年）出生於江西貴溪。夏鼎是他的父親，在臨清任知州。夏言天生聰明過人，從小受到父親的影響，具有深厚的文化底蘊，很會寫文章。夏言在他三十五歲時（正德十年西元1517年）考中進士，從此，開始了為官生涯。

　　一開始，授夏言為行人，不久，便遷兵科給事中。他正直敢諫，不怕擔責任的性格讓他成為一名言官。正德十六年（西元1521年），明世宗剛登基，夏言便上疏說：「正德年間，朝廷的言路讓一些亂政的小人阻塞。臣懇請陛下每日親理朝政，並親自審閱表章奏疏，所有的大事都應與群臣共同商議，萬萬不可只聽信一面之詞。您對臣下的懲罰，也應與內閣一併研究後再實施，這樣便可杜絕欺詐的弊端。」明世宗聽後立即採納了他的建議，並嘉獎他敢於直言。之後，還命夏言同御史鄭本公、主事汪文盛等一起制定新的治理朝政的方案，親自核查後淘汰親軍及京衛冗員三千二百人，一時間轟動京城。

　　世宗即位後的短短幾年中，夏言偕同御史林繼祖等出京勘查莊田，奪回了全部被朝中權貴侵佔的民間田產並歸還於百姓。在彈劾宦官趙敞、建昌侯張延齡時，夏言一共上了七次奏疏要求禁止皇親賜田於貴戚，還要求禁止將百姓田產侵佔以投獻給王府的奸官的行為。夏言的這番言論，在民間傳為佳話。不久後夏言被提升為兵科都給事中。

　　正當夏言權勢中天時，以諂媚起家，逐漸獲得世宗信任的奸臣嚴嵩成了他強有力的對手。夏言、嚴嵩隨從皇帝拜謁墓陵完畢，嚴嵩猜測到皇帝的意向後，再次堅持請求舉行上表慶賀之禮，而夏言卻要求

立即還京，這使得世宗心裡不高興。嚴嵩的提議讓皇帝心裡感到喜悅，遂命令上表慶賀。從此之後，夏言在皇帝心中的地位一天不如一天。

皇帝巡幸大峪山時，夏言因進呈的一個失誤，遭到世宗嚴厲的責備：「我一次一次地提拔你，而你不但不念聖恩，反而還怠慢不恭。」世宗還讓夏言交還所賜之物。夏言以懇切之詞謝罪並懇請不要沒收所賜之物。世宗卻懷疑夏言擅自毀掉所賜之物，更是急命禮部追繳取回，並剔除其少保、尚書、大學士的稱號。夏言無奈只得趕忙將手敕四百餘件及銀章一起上呈。過了幾天，皇帝又讓他以太子太傅入值。

這時，嚴嵩憑藉柔媚巧語取悅世宗比夏言更加得寵。夏言怕因失寵而被斥退，便前去與嚴嵩協商。怎知這個時候的嚴嵩正思量著怎麼將其清除並取而代之。夏言知道這事後暗示言官彈劾嚴嵩。世宗沒有接受彈劾，嚴、夏兩人關係從此決裂。一段時間之後，嚴嵩在世宗的面前控訴夏言對他的「欺凌」。皇帝聽後叫他詳細陳述夏言之罪上呈。在這時卻出現日食，皇帝以為這是上天對下界欺上罪過的懲戒！於是著令削奪夏言官職，同時降職罷免十幾人，而嚴嵩代替了夏言在內閣的位置。

夏言因失去權勢而非常苦悶。一段時間過後，世宗覺得在夏言的問題上處理得有些過分，又覆命夏言任禮部尚書、武英殿大學士之職。這時嚴嵩仗著得到世宗歡心，無惡不作。嚴氏的惡行漸漸被世宗知道。這時的世宗開始懷念夏言。世宗於嘉靖二十四年（西元1545年）冬召夏言還朝，並加少師勳號。夏言獲得比嚴嵩還高的地位。

再度擔任首輔的夏言，非常不願意與有著惡劣品行的嚴嵩合作，處理政務時從不同嚴嵩商量。夏言查清嚴嵩掌權時所任用的親信後將其全部趕走。嚴嵩的貪橫早就引起朝中士大夫的怨恨。他們對夏言的

所作所為感到高興。可惜夏言未能把握住這種對他有利的形勢。

夏言剛復出的時候，處處打壓嚴嵩，得到朝中士大夫的好感。夏言嚴厲處罰了一批官員，其中有一些是嚴嵩黨羽，但實際上更多的是過失不大的官員。因為過於嚴厲的處罰，士大夫逐漸失去了對他的信任。可他完全沒有覺察到這些變化。世宗經常派小太監出宮傳達諭旨，每當夏言見了這些小太監，像對待僕人一樣，從沒有好臉相對。而嚴嵩卻截然相反，每次小太監來到府上，他總是噓寒問暖，熱情款待。還經常用黃金賄賂他們以在世宗耳邊盡說嚴嵩的好處，小太監們還經常把宮中的一些消息帶給嚴嵩。而夏言卻根本不知道宮中的內情。

因為世宗信奉道教，夏言與嚴嵩都以「青詞」發跡。「青詞」是在齋醮儀式上寫給「天神」的奏章。早年的夏言文筆很好，世宗很讚賞他寫的「青詞」，但夏言復出後將「青詞」視為苦差事。每次世宗半夜派人分別去察看他們，探子回來都說，夏言早早便睡覺了，而嚴嵩依靠「內線」的情報，每次等世宗派人來察看，常常半夜仍坐在案前點燈琢磨「青詞」。於是嚴嵩越來越受到世宗的喜歡。而夏言則失去了世宗的信賴。

後陝西總督曾銑向世宗提出收復河套的建議，夏言贊同曾銑的建議，於是勸說世宗接受曾銑出兵收復河套的建議。世宗聽後心中開始動搖，也產生了收復河套的想法。但是世宗對打贏這場戰爭毫無把握，猶豫地對夏言等人說：「河套之患已經有很長時間了，不知此時計劃收復成功的把握有多大？」嚴嵩見狀上疏說：「敵方實力強大，很難取得勝利，河套恐難收復。而且一開戰，軍費非常昂貴。」這幾句話，撲滅了世宗心中收復河套的想法。嚴嵩在奏摺中不僅順應世宗心中的意思提出反對意見，而且還暗示夏言以勢壓人，以至於群臣不敢多言。

　　夏言聞之為自己辯護道：「當初商議收復河套時，嚴大人也曾參加，但並沒有反對。如今卻推卸責任到我身上。」嚴嵩又上疏攻擊夏言，同時網羅罪名以趁機打倒夏言。夏言心中不服，一面上書為自己辯護，一面反抗嚴嵩。殊不知，此時世宗早已對夏言不耐煩了，見夏言不肯認錯後大怒，下令停止一切有關收復河套的準備工作，並逮捕總督曾銑。世宗還辭去夏嚴職務。

　　嚴嵩並不滿足於夏言只是離開京都，而是決心置他於死地。於是嚴嵩便讓親信在京城中散佈謠言，說夏言臨去時咒罵皇上、牢騷滿腹。這些不久就傳到世宗耳中，世宗欲殺之。不久之後，世宗拿到一道實由嚴嵩起草、署名仇鸞的奏疏。仇鸞是被曾銑告發因貪污入獄，與曾銑有仇，所以他欣然答應嚴嵩陷害夏言的事。奏疏上寫道：

　　第一，曾銑鎮守邊關時，曾隱瞞敗績；

　　第二，曾銑以五千金賄賂夏言岳父蘇綱，又讓蘇綱轉交二萬金賄賂夏言。

　　世宗對此深信不疑，判曾銑以「交結近侍」的罪名斬首，將蘇綱流放，並將夏言逮捕入獄。夏言上書申冤道：「仇鸞早就被逮入獄，怎麼能知道皇上前二日說的話？奏疏與嚴嵩的口氣如此吻合，這分明是嚴嵩等人在合謀陷害我！」而這時的世宗，怎麼會聽他的辯解。結果，夏言被投入大牢，他的妻子蘇氏發配廣西，子孫剝奪官職成了平民百姓。嚴嵩還是不滿於此，又再在世宗面前說夏言壞話。嘉靖二十七年（西元1548年）冬，六十七歲的夏言被斬棄市。

　　嚴嵩倒臺後，隆慶初年，夏言家人上書訴說夏言冤狀，要求平反。穆宗下詔，追復夏言原官，特賜祭葬，諡「文愍」。

有技難施的首輔葉向高

　　葉向高，字進卿，嘉靖三十七年（西元1559年），葉向高出生在福清一個普通的平民家庭。父親葉朝榮，曾任養利（今屬廣西）知州。葉向高出生時，正值中國東南沿海一帶兵荒馬亂，倭寇橫行。葉向高的母親身懷六甲，四處逃難，後來在路旁一個茅廁中生下了他。出生後的葉向高更是災難頻頻，多次徘徊在生死邊緣，幸運的是沒有傷及性命。生在不幸的時代，使葉向高度過了一個辛酸的童年。也許正是由於生活環境的艱難，葉向高從小就乖巧懂事，在父母的催促之下，更是發憤讀書，希望將來可以參加科舉，步入仕途，立志出人頭地。經過數十年的艱苦努力，萬曆十一年（西元1583年），二十四歲的葉向高在科考中一舉成名，高中進士，被授予庶起士之職。從此以後，葉向高的宦海生涯就開始了。

　　神宗在位時期間，荒於朝政，貪圖享樂，生活奢靡，萬曆年國庫積存的錢財都被他揮霍一空。在金錢短缺的時候，神宗為了滿足他自己無窮的私欲，還想著法子撈錢。

　　萬曆二十四年（西元1596年），神宗下令在各地開採銀礦，並派出礦監專門負責其事。這些礦監每到一個地方，就逼迫那些貧民當苦役，致使很多農民喪失生計，而神宗下令設的稅使更是設立各種名目，恣意剝削，百姓們苦不堪言。葉向高目睹這些情形後，奏請神宗停罷礦監稅使，以給百姓們一條活路。但由於這會損害一些人的利益，於是奏摺被扣壓，沒有向神宗報知。

　　西元一五九八年，葉向高被召擔任皇長子侍講學士，又被任命為詹事左庶子。不久，葉向高被提升為南京禮部右侍郎。幾年之後，又

被改任為吏部右侍郎。這個時候，葉向高再次上書請求廢除不合理的礦稅制度和懲治作惡多端的遼東稅監高淮，由於葉向高與首輔沈一貫的主張有所偏差，最終以無果告終。

沈一貫被罷官後，神宗下令增補內閣大臣。萬曆三十五年（西元1607年）五月，葉向高被提拔為禮部尚書兼東閣大學士。第二年，由於內閣首輔朱賡去世，而次輔李廷機一直閉門不出，葉向高就成了首輔。

神宗不理朝政的時期就是葉向高任宰輔時的日子。

神宗是一個昏庸無能，不理朝事的無賴皇帝。大臣之中甚至有掛空名不任職的事，有一些衙門甚至空無一人，也不增補官員。由於皇帝整日不上朝，大臣與皇帝多年難見一面，致使朝廷之中漸漸形成相互對立的黨派。宦官更是仰仗皇帝寵信，目中無人，欺壓百姓，耀武揚威，四處搜刮民脂民膏，天下為之所苦。面對江河日下的朝政，葉向高忠心耿耿，怎奈生不逢時，空懷一腔報國心。但是不甘沉淪的他要奮力一搏，為沒落的明王朝奉獻自己的力量。

萬曆三十五年（西元1607年），葉向高剛到內閣，就向神宗上奏，希望他能恢復萬曆初期的善政，使大臣們也能各就其位，各行其職，改變當前的狀況。神宗見到奏摺，只是翻了幾下並不理會奏疏。神宗早已無力理國事，無心愛臣民，心中已無國家，更無子民，他關心的只是自己糜爛的生活。葉向高在如此打擊下，五個月後便上交辭呈。

他說：「我知道古來導致國家衰敗的原因很多。但是還沒有上下隔絕、內外背離到今日這種程度的。一旦有事變發生，朝廷內外有什麼人可以依靠；哪項錢糧可供支付；哪處兵馬可以殺敵：哪方百姓會對朝廷感恩戴德，效死於前呢？想到這些，怎能不令人寒心呢！」

葉向高上交辭呈後要走，可神宗並不放行。既然走不了，葉向高

只好再待一段時間。過了不久，葉向高因考選官員，填補空缺之事又向神宗上書，提出了關於考選官員、填補空缺的問題。神宗卻以要先審查為由將葉向高搪塞過去。葉向高不甘心就此罷手，他又上疏催促神宗盡快施行，不要再拖延了，神宗不聞不問，拒絕得更加徹底。

在接下來的幾年中，葉向高的奏摺為了這個並不算太苛刻的要求傷透了腦筋。他的奏疏一篇篇呈上去，但結果都是石沉大海。神宗的態度是，朝廷既不補缺官，也不輕易放走在職之官。至萬曆三十七年（西元1609年），朝廷大員王錫爵已經累計上書九道，乞求皇帝允許他退休，但神宗一直不鬆口。直到萬曆三十八年（西元1610年）十二月王錫爵去世，他的退休問題才得到解決。葉向高彷彿從中看到了將來的自己。

萬曆三十七年（西元1609年）五月，葉向高再次上奏，陳言時局危急，自己年高體病，請求早日選補閣臣，以全內閣為由上奏神宗。這時，建州女真族首領努爾哈赤已經控制了遼東，山東、直隸一帶也發生了大規模的農民起義，但是神宗反應十分遲鈍。葉向高再也按捺不住了，於七月初七日，他再次上奏神宗乞求增補閣臣，並因病申請退休。葉向高說：「朝廷大臣基本上已經走空，全國的官員，從上一年秋天至今，沒有再啟用任何一個人。皇上整日不理朝事，自認為天下如此會長治久安，臣認為，如果發生什麼禍端，將一發不可收拾！」葉向高的言辭尖銳，但沒能刺激神宗麻木的神經。

所謂功夫不負有心人，從萬曆三十六年（西元1608年）起，直到萬曆三十九年（西元1611年），葉向高請求增補閣臣的奏疏，終於得到神宗的准許。但是真正選用新閣臣，已是萬曆四十一年的事了，這距葉向高初次奏請增補閣臣，已經過了五年。

萬曆四十二年（西元1614年）八月，神宗允許葉向高離職。這時葉向高已晉升到太子太保，文淵閣大學士，其後改任戶部尚書、武英

殿大學士。然後他又被加少傅兼太子太傅，再改吏部尚書，任建極殿大學士，加少傅兼太子太師。此後不久，神宗賜葉向高白銀一百兩，並派人護送其歸還故里。

臨行前，葉向高向神宗做了自己最後一次苦諫，但還是沒有撼醒醉生夢死的神宗。就這樣，空懷一腔忠貞的五十五歲老臣葉向高回到了故鄉福清。

葉向高在故鄉待了六年，感慨萬端。不久，熹宗即位，又降詔催他入朝，葉向高推辭不得，只好走馬上任。

天啟元年（西元1621年），年事已高的葉向高回到北京，再度被任命為內閣首輔。葉向高像一頭老牛，再一次被套上了鞍轡，去拉拽熹宗這輛轅條欲失的破車。但葉向高為人正直，他既然已經接任了，就會努力去做，這是葉向高做人的原則。剛上任，他就給年輕的明熹宗上了一份奏疏，勸誡他頒佈詔旨要慎重，初登基的小皇帝點頭稱是。

接著，熹宗又滿足了葉向高的另一項請求。

天啟元年（西元1621年），後金軍已經佔領瀋陽，又在幾天以後攻陷了遼陽。此後不久，又發生了一件讓明朝受到嚴重威脅的事件，西部一個羅羅族首領發動了一次大的叛亂。由於明代邊軍常年飢寒交迫，並深受邊將壓榨，沒有充足的軍費抵禦剽悍的後金鐵騎。為邊疆安危計，葉向高上書熹宗，要求熹宗下令發放庫銀供應東西前線。雖然熹宗才發放庫銀二百萬兩，但這是在明朝後期，而且與神宗時發放庫銀十萬兩相比已經很可觀，葉向高功不可沒。

熹宗剛即位時，起用了一些賢人能臣，全國上下出現了一段太平日子。然而，熹宗還年輕，又沒有讀過什麼書，不辨忠奸。朝廷的大權已經被太監魏忠賢和皇帝的乳母客氏所竊取。他們誘導熹宗小皇帝騎馬射箭，耽於聲色，加上熹宗小皇帝喜愛木工活，對枯燥的政務不

感興趣，所以皇權自然旁落到這些人的手裡。魏忠賢這些人把持內閣，排斥異己，迫害朝中正直的大臣，連葉向高這樣德高望重的兩朝老臣也被架空了，最後內閣的罷免權力也被魏忠賢操縱。那些正直的朝臣皆遭受打擊。

天啟四年（西元1624年）六月，楊漣進諫熹宗，上書彈劾魏忠賢二十四條大罪，這個時候有人勸葉向高告發魏忠賢的罪狀，這樣皇上一定會將魏黨之流除掉。但葉向高顧慮魏忠賢的權勢，只是上奏說皇上過於寵信魏忠賢，魏忠賢干涉朝政，應當罷免他的職務，讓其回家養老。魏忠賢聽說此事後很不高興，從此對葉向高更加怨恨，但葉向高乃兩朝元老，德高望重，魏忠賢有所畏忌難以迫害。魏忠賢早已下定大規模清洗東林黨的決心，之後不久，御史林汝翥因反對閹黨被當朝廷杖，林氏只好遠走投奔到遵化巡撫衙門。因為林氏是葉向高的外甥，閹黨以此為由派出一群太監，整日圍在葉向高的住宅前，大肆謾罵。葉向高難以忍受如此的羞辱，極力辭官。熹宗於是加封葉向高為太傅，並派人護送其回鄉。

葉向高罷官回鄉後，進入內閣的都是小人，清明廉正的大臣都被魏忠賢流放殺害洗蕩一空。楊漣、左光斗等遭到誣陷，先後慘遭迫害致死，朝中再無人敢言魏忠賢之惡。

天啟七年（西元1627年）八月熹宗駕崩，葉向高也於同月去世，享年六十九歲，被贈太師，諡號「文忠」。

葉向高身為宰輔，歷經兩朝，遭遇的都是昏庸無賴的主子，雖賢明而無所用，面對日益腐朽的朝政，曾兩度復出，兩度引退。葉向高的命運，不僅是個人的悲哀，也是明朝終結的預兆。

多災多難的楊士奇

　　由於元末兵荒馬亂，楊士奇從祖籍江西泰和避難搬至袁州。因為常年在外流亡，父親楊美沒能夠充分照顧他，更不幸的是楊士奇不到兩歲時他的父親就客死他鄉了。但他自幼接受母親陳氏的教導，熟讀《孝經》、《大學》等書，加上個人天資聰穎，他每天都能學很多東西。

　　楊士奇七歲的時候，他的母親改嫁給楊士奇的老師羅性。同一年，羅性在鄉試中一舉奪魁，可謂雙喜臨門。由於楊士奇隨母入羅家，也就改了羅姓。

　　洪武五年（西元1372年），羅性被任命為德安同知的官，楊士奇跟著前去。第二年，楊士奇看到羅家祭祀先祖的場面，不由得想到了自己悲慘的經歷，不禁潸然淚下。然而誰也不曾料到，這個只有八歲的小男孩竟然把土磚砌成神位的樣子，把它放在一個沒有人注意的屋子裡，偷偷祭拜自己的祖先。這事不久就讓羅性發現了，他非但沒有責備他，反而為楊士奇的舉動所感動，於是就讓他恢復楊姓。

　　然而，好景不長。洪武八年（西元1375年），羅性任滿準備趕赴南京述職，卻因莫須有之罪貶到陝西。楊士奇只好孤身一人由德安返回泰和。這時家境更加貧寒，有時候連粥都沒得喝。人常說，窮人的孩子早當家。這句話在楊士奇身上得到了充分印證。由於生活艱難身世坎坷，還是孩子的楊士奇就在村子裡的私塾當先生，但是收入微薄，剛夠填飽肚子。第二年，改了一家私塾任教，由於教得好，很多孩童都願意跟他學習。這時，他也有一位朋友因為家貧，無力供養年邁的母親。楊士奇知道後，就問他是否讀過《四書》。在得知他讀過

之後，楊士奇就將自己的一半學生讓給他來教，這樣他的朋友可以賺一些生活費來糊口。

洪武十八年（西元1385年），他受命擔任石城縣訓導。不幸的是僅僅半年之後，楊士奇因為粗心弄丟了學印，畏罪逃走，到武昌避難。

在此後的二十餘年間，楊士奇身無居所，到處遊蕩，靠教書為生，一直未能進入仕途。建文元年（西元1399年），朝廷為了徵召諸儒撰修《太祖實錄》在全國各地張貼徵召儒生的榜文。吉安府向翰林院學士黃子澄舉薦了楊士奇，黃子澄欣聞之，即刻命其進京參加測評。在考核中，楊士奇以驚人的才華與學識，令主考官翰林學院修撰王叔英刮目相看，過了幾天之後，考核結果張榜公佈，楊士奇雖是布衣之身卻名列其中，被授以教授的官銜。

楊士奇參與編撰《太祖實錄》，成績顯著，當時人們都認為他是編撰史書的奇才。

建文四年（西元1402年），燕王朱棣發動「靖難之役」篡位登基，改元永樂，也就是後來的明成祖。楊士奇才華橫溢是盡人皆知的事，也引起明成祖的注意。不久，楊士奇便有幸被明成祖選入內閣，擔當主管機務的官職，成為皇帝身邊的紅人。數月後，又被提拔為侍講，由此他成為正三品的大臣。

永樂六年（西元1408年），成祖率大臣及官兵數萬人北巡，但國不可一日無君，就命楊士奇、蹇義、黃淮留下輔佐太子。這三人均是成祖的左膀右臂，讓他們來輔佐太子，留守京師，成祖很放心。

楊士奇輔佐太子盡心盡力，輔導太子用心學習《六經》，有空閒的時候看看兩漢的詔令，教導太子不應該花費大量的時間學作詩。太子虛心聽取了他的教導。太子在楊士奇等人的悉心輔佐下下，開始學習《六經》，並反覆研讀思考背誦兩漢的詔令，深入瞭解兩漢朝廷的

大事，學識不斷長進，掌管朝中大事的能力也大大提高。

永樂二十二年（西元1424年），明成祖朱棣駕崩，太子朱高熾即位，改元洪熙，是為明仁宗。

明仁宗即位後，任命楊士奇為禮部侍郎兼華蓋殿大學士。從此，楊士奇在內閣中的地位日益顯赫。他上任後不畏強權以敢言直諫著稱。有一次進諫上朝時他對明仁宗朝奏說：「皇上天生仁厚才採取減少歲供的辦法，可是詔令下達後還尚未達到一段時間，就傳旨徵收棗八十萬斤，這與前面所下的詔令是自相矛盾的。」仁宗認為他的進諫言之有理，立即將徵收的數量減去了一半。尚書李慶建議把分給軍隊的馬匹發給地方官員，可以每年向他們索要馬匹，增加國庫收入，楊士奇認為不可以這樣，他說：「朝廷將賢能的人授予官職，現在卻讓他們把精力放在養馬上，這是看重牲畜而輕視士人，怎麼向黎民百姓與後代交代呢？」明仁宗同意了楊士奇的建議最後廢棄了官員牧馬的詔令。明仁宗對楊士奇更加信賴了。

正統元年（西元1436年），宦官王振開始干預朝政，並誘導幼小的英宗用嚴酷的手段統治臣子，大臣們可能今天還在從事朝廷公務，明天就可能有牢獄之災。正統五年（西元1440年），楊榮回籍省墓，王振上疏彈劾楊榮收受靖江王朱佐敬私自贈送的金銀。楊榮返京後，楊士奇極力解救，才平息此事。楊榮對此感到憤憤不平，不久病亡。

這時，王振大力勾結朝廷臣子，在朝中為所欲為。而朝中的骨鯁大臣找各種藉口不臨朝，只剩下楊士奇、楊溥孤軍奮戰。

正統七年（西元1442年），太皇太后殯天，王振更加肆無忌憚，權勢更大。百官對之小有牴觸，就會有牢獄之災，朝臣人人自危。楊士奇也是泥菩薩過河。

這一年，楊士奇已是七十八歲的老人了，但他還是每日堅持上朝，處理朝中公務。一日，他翻閱各部大臣奏章，突然看到吏部一位

大臣彈劾他的兒子楊稷殺人的奏議。楊士奇沒有看完奏章便暈倒過去，官人喚來御醫，竭盡全力搶救方才蘇醒。楊士奇只有一個寶貝兒子，十分溺愛十分疼惜，他長年不在家，疏於對兒子的教育，楊稷的母親、祖母等家人，對他也無計可施。自祖母去世後，楊稷的母親多次勸其好好讀書，循規蹈矩，切勿給家中添麻煩。但他把母親的勸告當做耳旁風，憑著公子哥兒的身份橫行一方，欺行霸市。此時已七十多歲的楊士奇，聽說獨生子殺人犯法的消息，登時如受雷擊，從精神到身體都徹底崩潰。

見到這般情形，朝廷計議，暫不把楊稷捉拿歸案，先把他作惡的案子送給楊士奇審閱。但不久，又有人告發楊稷最近做的數十件壞事，萬不得已，朝廷才將楊稷逮捕入獄，關押在大理寺獄等待處決。因為楊士奇有病，正在告假調養身體，英宗擔心傷害了楊士奇，決定不處死其子，只是降詔緩刑來使楊士奇安心。

正統九年（西元1444年）三月，楊士奇在恨子不爭、報國不能的憂憤中去世，享年八十歲。他死後被追封為太師，諡「文貞」。楊士奇去世後，朝廷才下詔將楊稷處死。楊士奇敢於上諫，心繫黎民百姓，宅心仁德，為世人惋惜。正是由於有了以他為首的「三楊」，才使得「仁宣之治」的盛世出現，其功不可沒。在他去世後，宦官王振專權，導致了「土木堡之變」，明廷備受屈辱，由此開始露出衰微的徵兆。

善於察言觀色的張居正

　　張居正年僅五歲就進入學校學習，十歲熟讀「六經」並且倒背如流，為鄉里人舉手稱讚。十三歲時，張居正便參加鄉試，當時他作了一首詩：綠遍瀟湘外，疏林玉露寒。鳳毛叢勁節，直上勁頭竿。這首詩有韻律，講求對稱。

　　這首以竹自喻的詩，抒發了他的遠大抱負，向世人展示了他的雄才偉略。時任荊州巡撫的顧璘，是當時有名的才子，看過張居正的詩文後，認為他出手不凡，想要親自培養他，便故意讓他在此次考試中名落孫山，以便激發他的潛能與鬥志。顧璘逢人就誇張居正：「這個孩子將來一定了不得。」並解下自己的束帶贈給張居正說：「將此帶送給你留作紀念吧，你將來會繫上比這更好的玉帶出人頭地，更上一層樓。」

　　嘉靖十九年（西元1540年），張居正又一次參加鄉試，皇天不負苦心人，這一年雖然他才十六歲，但是卻高中舉人。顧璘得知後非常高興，充滿希望地對張居正說：「你有遠大的抱負，我非常看好你，你要嚴於自律，要以伊尹、顏淵為榜樣，不要做徒有虛名的秀才。」七年之後，經過一番刻苦學習的張居正進京會試，中了進士，被授翰林院庶起士的官職。從此，開始了他宦海浮沉的生涯。

　　庶起士只是榮譽職位，不會做實際工作。當時，內閣大學士夏言與嚴嵩等人之間的鬥爭正趨於白熱化。為了取得首輔地位，嚴嵩竟然置國家利益於不顧，借用收復河套之事誣陷夏言，讓他身陷囹圄，被嚴刑迫害死。政治鬥爭的殘酷，使張居正看透了朝臣的腐敗和朝廷的搖搖欲墜。他狠狠地下定決心要根治腐敗，革新政治，他做事雷厲風

行，喜歡將國家道義放在心間。但他也知道要在官場上有立足之地，就應該先學會怎樣保護自己，等待時機察言觀色。

嘉靖二十八年（西元1549年），張居正升任翰林院編修，但還是一個不幹活的官職。他卻無心在這種生活中苟活，謝絕了一切與他交往的人，專心鑽研朝章國典，剖析政務，探索興邦救國之道。

隆慶元年（西元1567年），張居正晉升為吏部左侍郎兼東閣大學士，入閣參與機要政務。這讓張居正的過人才華發揮得淋漓盡致，不久他就寫了〈上陳六事疏〉，在官員中樹立起了自己的威望。

從此，張居正便在內閣中認真做事勤於國家大事，大展自己的才華。

不久後，穆宗逝世，年僅十歲的太子朱翊鈞繼承帝位，改年號為萬曆。這時的馮保已順利地當上了掌印太監又兼提督東廠，大權在握，不久後，又將和他爭寵的高拱罷免。在馮保的左右下，張居正不斷得到重用。高拱被罷官後，高儀不久也去世了，只剩下張居正一人在文淵閣任職，他一手挑起了首輔的重任，成了一人之下、萬人之上的大人物。

由於神宗朱翊鈞年幼，因此如何教育皇帝的問題，成為了內閣首輔張居正的頭等大事。張居正自認為培養一個明君是一件利國利民的事情，於是他義不容辭地承擔起教育小皇帝的擔子。他每日都要親自安排皇帝的功課，又親自為神宗講經誦史；將每日上早朝的日期改為每月三、六、九日，剩下的時間均給神宗攻經讀史用；又把李太后請到乾清宮，讓其與神宗一同生活，以便照料他的生活起居。

張居正在輔導皇上的同時，心繫朝野，一直想著如何才能國泰民安。他任用了一批能文能武的將領，如譚綸、戚繼光、李成梁、王崇古、方逢時等，張居正對他們非常信任，他們也非常樂意接受張居正的指揮。在張居正的領導下，他們的才能得到了充分發揮。

當時，薊州是北邊戰守的重心。禦倭名將譚綸、戚繼光主持薊州防務後，張居正為他們設計了防務戰略，從心理上和行為上給予鼓勵。戚繼光上任後強烈要求改革薊州軍制，得到了張居正的賞識和支持。僅僅幾年時間，整編防區，訓練新軍，一切均按他的計劃有條不紊地進行，他的軍事指揮的才能發揮得淋漓盡致。

戚繼光兢兢業業，時刻處在備戰狀態，在他鎮守薊州的時間裡，各部蒙古再也未敢侵犯邊境各部。同時，在整頓邊防的過程中，張居正與戚繼光的私人關係也處得非常好。

在遼東方面，張居正起用出身窮苦、有大將之才的李成梁鎮守。從隆慶元年（西元1567年）起，李成梁將進犯遼東的蒙古人打得落花流水，後被任命為總兵鎮守遼東。李成梁鎮守遼東二十二年，先後共計贏得了十次大捷。

在宣化、大同方面，張居正任用王崇古。他們命令將士修築邊牆，平常屯田練兵，防禦力量也大大提高。

在張居正的主持下，經過幾年的努力，扭轉了長期以來邊防敗壞不堪的局面。軍隊戰守力量日益增強，蒙古犯邊逐年減少。在加強防禦力量的同時，張居正也在積極尋求解決蒙漢關係的方法，他命令沿邊將帥，要抓住一切有利時機，適時採取行動，為發展同蒙古的友好往來貢獻自己的一份力量。

千瘡百孔的明朝政府，經過張居正的整頓後，有了顯著的改善。大局穩定之後，張居正又開始制定並實施了「一條鞭法」，從根本上解決了稅收的難題。「一條鞭法」是大學士張四維、呂調陽提出的稅制改革措施，就是把田賦、徭役及其它各種的雜稅、雜徵、雜差統合為一體，按照各家各戶的具體境況重新核實編定，將有人口無糧田的編為下戶，有人口有糧田的編為中戶，糧田多丁口少和丁口糧田俱多的編為上戶。在總量核准後，根據丁、糧比例，把所有賦役派到丁、

糧裡面，一同來繳納賦稅。這便是「一條鞭法」的具體內容。張居正認為，經濟上實行「一條鞭法」可以緩解財政困難的情況，使國家度過危機。

萬曆九年（西元1581年），張居正正式下令，在全國推行「一條鞭法」。「一條鞭法」的大力推廣，與張居正整頓吏治、清丈田畝、抑制豪強有密切聯繫，如果沒有這些準備，「一條鞭法」就難以推行。可以說，「一條鞭法」的推行是張居正改革最主要的措施。推行「一條鞭法」的直接目的是為了整頓賦役、克服財政危機和穩定明朝的統治，但它所產生的積極作用和重大影響，卻遠遠超越了這些。

在張居正主政的十年間，大明王朝吏治清明，經濟繁榮，人民負擔大大減輕。僅僅是北京的糧倉就可供九年使用。太倉庫儲藏室裡的存款有白銀六百多萬兩，太僕寺存有四百萬兩，應天的庫房也藏有二百五十萬兩。這些銀兩是緊急時刻備用的。廣西、浙江和四川的省庫平均存款在十五萬至二十萬兩之間。這與隆慶二三年間（西元1568年-1569年）國家年收入二百五十萬兩，支出四百多萬兩，財政赤字一百五十萬兩的情況相比，簡直是一個在天上，一個在地下。

張居正實行的「一條鞭法」，雖然使國庫財富大增，扭轉了明朝千孔百瘡的危機，但他在改革整頓中得罪了不少人。張居正的改革觸及到他們的利益，因此他們對他恨得咬牙切齒，有的人與張居正政見不和，對他的才能和強大的權力產生嫉妒。他們認為張居正總是憑著自己的宰相地位，挾天子以令天下，百官大事小情都須聽命於他，是專權霸道的體現。

萬曆初年，禮部尚書陸樹聲就因看不慣張居正的一系列做法而辭職。陸樹聲在朝中也可以稱得上是一個清流首領，向來恃才傲物，把功名看得很淡。他指責張居正不行王道替皇帝著想，只顧富國強兵。

不久，張居正父親的離世引起了一場門生發難的風波。按舊例，

父母去世後兒子要在家守孝。皇上命令張居正不必回家守制。在張居正猶豫不決的時候，以吏部尚書張瀚為首的一批張居正的門生卻用刀劍逼他離閣回家守制。

經過幾次門生發難的無奈打擊和為父奔喪的奔波勞累，張居正終於支持不住，臥床不起。

張居正自知日子不長，於是連上兩疏，懇求神宗准允告老還鄉，想在有生之年重新回到老家，但神宗沒有批准他的請求。萬曆十年（西元1582年），張居正終於拋開了他的改革業績靜靜地離開了人間，終年五十八歲。

張居正死後，神宗如小鳥出籠無拘無束，為滿足私欲為所欲為，他橫征暴斂，揮金如土，徭役繁重，傷害了百姓。朝廷官員結黨營私，糜爛不堪，大明王朝搖搖欲墜，各種矛盾又急劇發展起來，最終一發而不可收，明王朝走向了滅亡的邊緣。

張居正是著名的改革家。張居正的改革特點是循序漸進，所以他的改革能為當時的環境所接受，收穫不小。張居正執政的十年，是明末一道耀眼的光芒，此光逝後，明王朝又沉入死寂般的黑暗。

青天大老爺海瑞

　　海瑞的祖父海寬，曾在福建松溪縣擔任知縣。海瑞四歲時，便失去了父親。海瑞的母親謝氏，雖為婦人，但性格執拗，勤儉持家，她靠替人做些縫縫補補的家務活和耕種十多畝薄田維持生計。

　　謝氏為了兒子將來能成才對他嚴加管教，雇傭學識淵博的老師教導自己的兒子，海瑞曾在諸多老師的門下學習過，但無論從生活上還是學習上，廖平庵的教育都深深影響了他的一生。海瑞的性子之所以如此耿直，還是要歸功於他的母親。

　　嘉靖二十八年，海瑞參加鄉試時，以一篇〈治黎策〉高中。海南島的五指山是黎族居住的地方，由於明政府的刑罰嚴酷，百姓苦不堪言。海瑞目睹了明政府對他們的迫害。海瑞認識到，政府之所以對黎族的百姓如此暴力，最終原因還是政策問題，於是有感而發寫了〈治黎策〉。同年，明政府又命令總兵陳圭、總督歐陽必率兵攻打黎峒，殘害了黎族百姓五千多人。海瑞心中不平，認為明政府對他寫的〈治黎策〉沒有認真考慮。他又寫了一篇〈平黎疏〉，在他看來，如果政府只用暴力解決問題，非但不能讓百姓信服，反而會使居住在海南島的黎、漢兩族人民怨聲載道，不得安寧。因此，海瑞主張應該選用足智多謀的官員管理海南，如果沒有人願意去的話，他願毛遂自薦。如果有機會可以管理海南，他會先在海南島境內開通幾條大道，使交通暢通，如果可以使黎、漢兩族有更多交流機會，那麼隔閡也會隨著時間的流逝慢慢消失。海瑞實行甲編制，以便於對百姓的管理，不僅這樣，海瑞還讓黎民享有和漢人同等的權利和地位。〈平黎疏〉反對政府進行暴力統治，提出了一系列治國安邦的良策，凸顯了海瑞卓越的

才智。但是，明朝上下對他的〈平黎疏〉置之不理，用它來治理國家更是天方夜譚。海瑞治理海南的計劃算是石沉大海了。

按照明政府科舉選士的慣例，高中舉人之後，就有機會擔任教諭，倘若得倖被舉薦，還可以當知縣。嘉靖三十三年，海瑞被委任到福建延平府南平縣當教諭，這一年，海瑞已年近四十。海瑞的官旅生涯由此開始。

南平地處福建中部，算是富甲一方。但是這裡的學風不正，學生接受教育的極少，而且收的學費極高，如果打算去縣學上學，必須先給當地官員送一些錢財，不行此禮，想要上學就比登天還難。為此，很多窮人家的孩子沒有學上。海瑞上任之初，就對這裡進行了徹底的改革，並制定了《教約》，嚴正校紀校規，廣收學徒，杜絕賄賂者。

海瑞在南平縣任職教育學生的時候，對學生呵護有加，對有困難的學生更是關注。他根據每個孩子資質的不同一對一施教，嚴格要求，平等對待。南平縣的學風經過海瑞的細心整頓，學堂也辦得有聲有色，家長們都喜歡把孩子送到這裡來讀書。在海瑞任職的這四年，海瑞為朝廷培養一批又一批人才，可以用桃李滿天下來形容。

海瑞同樣重視處置刑犯，斷案時以公平公正為原則，不少冤假錯案經過海瑞重新審判才得以沉冤，當地百姓對海瑞敬仰有加，尊稱海瑞為「海青天」。

當時桐廬縣發生了一起殺人案，徐繼的妹妹，是戴五孫的結髮之妻。戴五孫曾經在岳母的手裡借過一些銀兩。之後，徐繼曾幾次要求戴五孫還錢，但都無濟於事。一天，徐繼將戴五孫堵在了門口，伸手就要銀兩，結果再一次被戴五孫拒絕了。這一次可把徐繼惹毛了，一怒之下，徐繼竟用石塊把戴五孫砸死了，之後又將屍體扔進了水中。說來也巧，這一天正好趕上官員潘天麒在戴家住宿，潘天麒便因此惹上了嫌疑。桐廬縣審判的結果是戴五孫妻徐氏與潘天麒通姦不成，謀

殺親夫，故判徐氏、潘天麒死刑。之後，此案經過桐廬縣、建德縣、遂安縣三知縣會審之後，還是不能夠明斷，就成了一樁十年疑案。海瑞任職後，再一次對這樁十年疑案進行了重審，經過海瑞的細心研究，考察探訪，真相終於大白於天下，徐氏、潘天麒的冤屈才得雪。

海瑞痛恨腐敗，仗義執言，喜歡替天行道，當時的大明朝也逐漸衰落。當時，嚴嵩集團被推下臺，但是明世宗喜歡修煉丹藥，希望可以獲得長生不老藥，所以不理朝政，醉生夢死。

經過一番親身調查，海瑞洞悉了朝廷腐敗的根源。嘉靖四十五年，海瑞為了明朝的繁榮與昌盛，寫了一篇奏疏──〈治安疏〉，海瑞在疏中對皇帝嚴厲批評。他說：「當今朝廷上下，為了滿足皇上的虛榮心，大興土木，建宮殿，勞民傷財。陛下的誤舉，簡直就是在拿整個國家開玩笑啊，許多大臣對陛下更是阿諛奉承，一個個都是假惺惺的。」海瑞不僅對皇帝進行了嚴詞批評，還提出了不少可行措施，希望世宗能專心上朝。統觀全文，海瑞對皇帝是絕對效忠的。不過，封建專制制度下的皇帝，根本就沒有這樣的胸襟去傾聽，海瑞確實不怕死，為了蒼生的利益，他直諫〈治安疏〉。果不出所料，世宗在看了〈治安疏〉之後，龍顏大怒，將疏文一扔，下令將海瑞打入大牢。宦官黃錦佩服海瑞替其求情，謊稱海瑞本就是一個書呆子，在來之前，連棺材都買好了。過了幾天，世宗想想還是生氣，遂將海瑞處以死刑。

上〈治安疏〉的後果，海瑞已心知肚明，他在上諫以前，就拜託自己的好朋友王宏誨為他辦理好後事，自備了棺材。海瑞被判死刑之後，迫於皇權的威嚴誰都不敢求情。何以尚就因為求情而被下獄，這下就更沒有人敢提及此事了。首輔大臣徐階也勸明世宗放了海瑞。雖然，皇上早已下旨將海瑞處死，但卻一直未能執行，海瑞一直待在獄中。當時的錦衣衛，對海瑞也是欽佩有加，所以能拖就拖。

嘉靖四十五年，世宗病死。幾天後，海瑞被釋放，又重新擔任戶部雲南司主事，不久又改任兵部武庫司主事。

隆慶三年，由於海瑞管理成效卓著，被提為右僉都御史，總管糧道。

海瑞上任後，常常大雨成災，蘇、松、常、杭、嘉、湖六府沿太湖的田地幾乎都被淹了，房屋禁不住洪水肆虐被沖塌。海瑞從治水救災著手。解除水患之後，海瑞實行逼鄉官退田的政策。

海瑞將矛頭直指徐階。因為徐階告老辭官的老家松江府，是海瑞的管轄之地。雖然徐階為人耿直，但其子孫卻浪蕩無為欺行霸市，百姓的狀紙堆積如山。迫於徐階的聲望，原任官員對這些事只是睜一隻眼閉一隻眼。

最初，海瑞也左右為難。徐階對他有救命之恩。面對徐家人的胡作非為，他不能夠坐視不管，還是把百姓利益放在心中。他親自登門，將來龍去脈都告訴了徐階，並告訴了他處置的方法。因為徐階長年在京城做官，所以對家中之事知之甚少。聽海瑞這麼一說，即刻命人將不法田地退回原主，又親自將罪人捆綁到官府。

徐階請罪退田的事傳出後，海瑞在百姓心中的地位更高了，百姓稱之為「海青天」。五個月之後，穆宗又改任海瑞為督應天糧儲。

後來，由於他得罪了張居正，便賦閒在家十三年。在這段時間，海瑞過著捉襟見肘的生活，妻兒因病離世，僅有一個僕人相伴左右。

萬曆十年，張居正病亡。海瑞才有機會可以重見天日。三年後，海瑞被封為應天都察院右僉都御史，後又改為吏部右侍郎。

海瑞雖逾古稀，但壯志在胸。可後來年邁的海瑞一病不起。

萬曆十五年，海瑞告別了他操勞了一生的大明王朝，享年七十四歲。

送葬那天，沈鯉把朝廷的詔諭宣讀給百姓：諡海瑞「忠介」，贈

「太子少保」。之後，出殯的隊伍陸續走出了應天府。由於海瑞非常受愛戴，應天市民為了讓他安靜地走而關閉攤市，為了悼念他，每家門前都擺著佳餚來祭奠。

海瑞是剛毅、清廉、耿直的象徵。他一生與貪官作鬥爭、厲行節儉。任職期間，分配田地，推行新的賦稅政策，等等，這些都在一定程度上促進了生產的發展。海瑞無愧於「青天」之稱號。他所做的事至今仍為人們所津津樂道，實事求是，敢作敢為的精神在當代也仍有借鑒意義。

縱橫沙場的武將們

威名遠震的英國公

　　張輔的父親張玉是元朝高級軍政長官，早年仕元。元朝落敗，張玉追隨元朝皇室一起北逃大漠，在大漠過了十八年顛沛流離的生活。洪武十八年，十歲的張輔跟隨父親投靠了燕王朱棣。之後幾年，張輔跟隨父親張玉出征漠北，征討元軍。

　　建文元年，朱棣發動了「靖難」之役。張輔跟隨父親張玉參戰，從此開始了真正意義上的軍事生涯。張輔因驍勇善戰，很得燕王朱棣的欣賞，不久，便被升為蔚州衛指揮同知。

　　建文二年，父親戰死沙場，張輔繼承父親的職位成為都指揮同知。張輔不曾忘記過父親的教導，對燕王忠心耿耿。之後，張輔帶領親兵與元軍在夾河、藁城、彰德、靈璧等地展開激戰，屢戰屢勝，後又為「靖難」之役屢立戰功。

　　朱棣登基，改年永樂，大肆封賞功臣，張輔因功被封為信安伯。

　　永樂三年，張輔再次受封為新城侯。第二年，將軍朱能因病去世，張輔暫為統帥。之後，朱棣升張輔擔任徵夷將軍一職，率領大軍於廣西憑祥進軍，與左副將軍沐晟會合，繼而進攻人多邦城，攻克東都、西都。第二年，張輔率軍在木丸江、富良江等地打敗安南兵，大獲全勝，還俘獲了黎季犛和他的兒子漢蒼，將二人一起押送回京。張輔回京之後，朱棣特意在奉天殿賜宴，為張輔慶功，並為其現場作〈平安南歌〉一賦，晉封英國公。

　　永樂七年春，張輔任征虜將軍再一次率兵征討，大敗叛軍並俘獲大越上皇簡定，迫使大越皇帝乞降。第二年，朱棣命令沐晟繼續征討叛軍殘餘部隊，張輔再立戰功，班師回朝。但張輔回來不久後，安南

陳季擴再次發動叛亂，憑沐晟之力難以制服，朱棣只好再次派張輔去協同沐晟抗敵。三年之後，終於將叛軍平定，俘獲陳季擴並押送京師。朱棣下旨在安南增設升、華、思、義四州，同時增置衛所，留軍駐守。永樂十三年，張輔回朝，朱棣命他為交阯總兵官，前往南安戍守。之後陳月湖等人的幾次叛亂，都被張輔平息。

永樂十四年冬天，朱棣下旨召回張輔。

永樂二十三年，朱棣病逝。朱棣臨死之前，特召英國公張輔進宮，囑咐後事，將傳位給太子朱高熾。

明仁宗即位之後，改年宣武。張輔升太師，掌中軍都督府事，並監督修訂《成祖實錄》。同年五月，朱高熾駕崩，朱瞻基登基，改元宣德。

宣德四年，張輔擔任光祿大夫一職，兼左柱國，主要任務是謀劃軍國要事，張輔手握重兵，威名顯赫。

宣德十年，朱瞻基暴卒，皇太子朱祁鎮繼位，就是明英宗。不久，宦官專權，搗亂朝綱，橫行朝野，張輔雖有能力與之相抗衡，但是再難獲重用。

正統十四年，張輔去世，死後封為定興王，謚號「忠烈」。正如他的謚號一樣，張輔一生為朝廷盡忠盡孝，戰功顯赫，卻不得善終，當真死得慘烈。

膽略過人的河間王

　　張玉在元朝末年曾擔任知樞密院事，是元朝的高級軍政長官。元朝敗北遷入大漠之後，張玉跟隨元朝皇室在大漠中顛沛流離了十八年，直到洪武十八年，才投靠到駐守北平的燕王麾下。此後，張玉因功被授濟南衛副千戶，逐漸變成燕王手下最得力的一員大將。燕王發動靖難之役後，張玉任都指揮僉事，攻克薊州、遵化，屢立戰功。東昌之役時，燕王被盛庸軍圍困，張玉入圍救援，戰死沙場。

　　小時候的張玉與一般的孩子不同，聰明好學，熟讀四書五經、論語等，學識淵博，考中科舉，在朝中擔任知樞密院事一職，是元朝一位高級軍政長官。

　　朱元璋建立大明王朝，定都南京，元朝被迫敗走漠北。張玉追隨元朝沒落皇室一起北上避難，孤身一人。

　　洪武十八年，張玉因為懷念故鄉，想念親人，毅然放棄元朝的高官厚祿和一切榮華富貴，投靠了燕王朱棣。這時的燕王是各王之中勢力最強大的一個，他常年駐守北平，肩負著抵禦蒙古諸部的重要責任。為了抵抗蒙元貴族的殘軍敗將，朱元璋曾經下令命燕王朱棣多次北征大漠，消除殘餘。張玉第一次跟隨燕王朱棣的大軍出塞抗元，至捕魚兒海，由於功績顯赫被授予濟南衛副千戶的官職。後來，張玉又追隨燕王朱棣出征遠順、散毛等地，張玉驍勇善戰，曾北逐元朝殘餘軍隊到達鴉寒山，消滅了元軍大部分殘餘勢力。因此，朱棣對其讚賞有加，晉升其為燕山左護衛。此後，又隨燕王出塞到達黑松林，討伐野人等部落。在與燕王北征期間，張玉的謀略膽識都受到燕王朱棣的誇讚，朱棣對他也更加信任了。張玉可謂是勇冠三軍，成了燕王朱棣

旗下的第一員大將，官至燕王府左護衛指揮。

朱元璋去世之後，太孫朱允炆稱帝，改元建文。即位之初，建文帝為了鞏固統治，在齊泰、黃子澄等人的輔佐之下，實行削藩政策。燕王作為諸王中的強者，勢力不容小覷，一直以來，建文帝都將燕王視為眼中釘、肉中刺，欲除之而後快。

建文元年七月，建文帝下旨秘密捕殺燕王朱棣，不料消息洩露。你無情休怪我無義，朱棣打著「清君側、誅齊黃」的名義起兵。燕王立即召集張玉與朱能一同守衛王府，繼而下令攻佔北平城。張玉身為將軍，率領重兵連夜攻佔北平九門，奪取北平城。緊接著，燕軍迅速拿下雄縣、莫州，朱棣下令在間道攻取真定，就是今天的河北正定，打他一個措手不及。同年八月，建文帝派耿炳文與朱棣會戰。朱棣命張玉前去查探敵情。在於耿炳文的幾次交戰中，燕軍屢戰屢勝，打得耿炳文落花流水，倉皇逃回京師。耿炳文失敗的消息傳至南京，建文帝龍顏大怒，接受黃子澄上書，撤換耿炳文，改用曹國公李景隆任將軍，再次出征。不幸的是，李景隆也是屢戰屢敗。白溝河之戰失敗後，建文帝又任命駐守濟南的盛庸為大將軍，代替李景隆出征。

建文二年冬，盛庸率領百萬大軍駐屯東昌（今日山東聊城），企圖斷絕南下燕軍的歸路，在東昌佈陣對峙。陣中埋著大量火器、火藥、毒弩等遠端兵器。朱棣進攻盛庸的東側，一時大意，闖進伏擊圈，燕軍損失慘重，被盛庸軍重重包圍，不得脫身。張玉與朱能二人見燕王身處險境，情況十分危機，毫不猶豫，立即率大軍向南猛衝救主。朱能負責營救燕王朱棣，張玉就負責吸引敵軍的注意，創造更多的機會。結果，朱棣被成功救出，但是殺紅眼的南軍把矛頭直接對準張玉，適時發起猛攻。張玉最終力竭而死。燕軍被逼無奈，班師回到北平，歷史上稱這次戰役為「東昌之役」。

朱棣知道張玉戰死之後，失聲痛哭，悲傷之餘，為了紀念張玉，

燕王朱棣親手為張玉寫了一篇悼文。

建文四年，朱棣終於大敗建文帝，在南京稱帝，而張玉也以靖難第一功臣的榮譽追封為榮國公、河間王。諡號「忠武」，官居一人之下，萬人之上，和東平王朱能、金鄉侯王真、榮國公姚廣孝三人共用太廟。

張玉的一生就這樣結束了，他的生命雖然終結了，但是他的事蹟卻被後人記錄在冊，銘記於心，他的精神將會永垂不朽，被後人敬仰和學習。

文武雙全的岐陽王

　　李文忠於元至元五年出生。母親是明太祖的姐姐，十二歲的時候母親不幸病逝，從此以後李文忠便跟隨父親過著顛沛流離的生活。十四歲那一年，李文忠在滁陽見到了娘舅朱元璋。朱元璋見到李文忠非常高興，看到父子二人生活如此艱苦，惻隱之心蠢蠢欲動，再加上他確實十分喜歡李文忠，便收他為義子，跟從自己姓朱。

　　元至正十七年，年僅十九歲的李文忠以舍人身份率領大軍增援池州，攻破長江中游地區的漢政權陳友諒部。繼而引兵東向行去，攻佔了青陽、石埭、太平、旌德四縣，屢建奇功，連挫元軍，振奮軍心，朱元璋龍顏大悅，晉升李文忠為帳前左副都指揮，兼領元帥府事。

　　第二年，李文忠率大軍與鄧愈會師，從徽州進入浙江，與元軍再一次展開激戰，攻佔了浙西重鎮建德，功績顯赫，官至親軍都指揮，駐守建德，同時，李文忠沒費一兵一卒，只用謀術便將苗帥楊完者舊部的三萬多人收降。之後，李文忠又協助胡大海攻下了諸暨和金華。李文忠再一次受封，任同僉行樞密院事一職。不久，苗兵叛變，殺死了金華的守將。李文忠奪回金華之後，朱元璋再一次提升他做浙東行省左丞，進而節制建德、金華、信州、處州四州軍事。第二年，謝再興叛朱，投靠張士誠，進軍東陽，李文忠迎戰，獲勝之後，在距離原諸全不遠的地方重新築諸全新城，也就是今天的諸暨南。

　　至正二十五年，也就是李文忠二十八歲的時候，朱元璋晉升李文忠任浙江行省平章政事一職，兼榮祿大夫職務，叫他不必再隨朱姓，複姓李。

　　明洪武二年，李文忠跟隨常遇春進攻元軍，攻佔元上都，也就是

今天的內蒙古正藍旗東北。班師回朝的途中，常遇春不幸病逝，李文忠奉旨指揮常遇春的大軍，與徐達率領的軍隊會師進攻慶陽，大敗元軍。

　　洪武三年，李文忠以征虜左副將軍身份率領步騎兵十萬，與徐達分道北征，在應昌俘獲了元朝的新皇帝買的立八剌以及皇帝的若干妃子、宮人、王公、武將、文臣，更加值得高興的是李文忠還繳獲了宋元兩朝的玉璽，共計十五顆。回軍路上經過興州和紅羅山時，再收降元軍。朱元璋升李文忠做左都督，冊封為曹國公。

　　又過了兩年，朱元璋調遣大軍分三路大規模征討北元。李文忠和徐達、馮勝三人各領一路。李文忠從居庸關進入蒙古境內，繼而到達和林，獲勝之後繼而向東追擊元軍，直追到騙海，才將元軍消滅殆盡，班師回營，就是今日的呼倫池地區。李文忠戰功顯赫，將士們對他敬仰萬分，唯命是從。李文忠奉旨在城門上巡守，在這段時間裡，他和元軍多次交戰，均獲得勝利。

　　洪武十年以後，李文忠同李善長均受任「總中書省，大都督府，御史臺，議軍國重事」，擔任大明宰相。

　　兩年後，李文忠做督軍，率領沐英，削平盤踞在洮州的叛黨。回京後，朱元璋下旨命他掌理大都督府事，兼國子監一職。後來，御史臺被取消，李文忠被削除兵權之後，處事也變得更加小心謹慎，朱元璋依然十分喜愛、器重他。

　　洪武十六年冬，李文忠久病纏身，最後一病不起。在其患病期間，朱元璋曾親臨探視，並命淮安侯華中負責照顧和醫治。第二年三月，李文忠不幸離世，年僅四十六歲。朱元璋知道這個消息之後，傷心不已，寫文致祭，封李文忠為岐陽王，諡號「武靖」，配享太廟。

　　李文中一生征戰沙場，為朱元璋盡忠盡孝，成為明朝開國大將，戰功顯赫，他的精神是值得後人瞻仰和學習的。

開國大將中山王徐達

　　元至順三年，徐達生於濠州鍾離的一個普通農家。元至正十三年六月，朱元璋回到家鄉開始招募兵士，這時候二十二歲的徐達已經有了建功立業的想法，所以毅然投奔到了朱元璋的軍中，做了朱元璋的部下，從此開始了他追隨朱元璋南征北戰的戎馬生涯。

　　徐達投奔了朱元璋之後，他作戰勇敢，在戰爭中表現出了非凡的軍事才能。並且很快協助朱元璋將定遠的幾支地主武裝進行了收編，接著又攻佔了滁州、和州等地。朱元璋發現了他智勇兼備的才能，又因其戰功卓著，不久就授其鎮撫之職，位於諸將之上。

　　至正十五年，郭子興病逝以後，將統領全軍的大權交給了朱元璋。徐達跟隨著朱元璋南渡長江，將採石、太平等地全部攻佔。第二年，徐達又跟隨朱元璋發動了對集慶的進攻。徐達憑藉自己過人的膽識和卓著的軍事才能逐漸取得了朱元璋的信任，並成為他最倚重的一員戰將。不久之後，徐達就被朱元璋任命為大將軍，並且命令他領兵攻取鎮江。由於當時的號令明肅，所以徐達被授予了淮興翼統軍元帥的官職。

　　至正十七年，徐達率軍攻打常州，在這之後又分兵去攻取常熟和江陰等地，並且成功地阻止了江浙周政權的首領張士誠的西進計劃。到了第二年，徐達在應天留守，同時也被朱元璋封為國上將軍、同知樞密院事。

　　至正二十年五月，陳友諒率領部隊攻打池州，朱元璋命令徐達和中翼大元帥常遇春率領軍隊在九華山下埋伏，這一戰，他們斬殺陳軍幾萬人。不久朱元璋又在應天城下設伏，最終將陳友諒的軍隊打敗。

　　至正二十一年，朱元璋對江州發動進攻。他命令徐達率領部隊先行，迫使陳友諒帶兵在武昌退守，並且將陳軍追至漢陽。這一戰之後，徐達又被提升為中書右丞。

　　至正二十三年，徐達在鄱陽湖之戰中衝鋒陷陣，勇猛殺敵，最終大敗陳友諒的軍隊前鋒。第二年，他以左相國的身份率領軍隊攻克盧州，然後又帶領大軍向江陵、辰州等地進軍，最終掃平了陳友諒的剩餘軍隊。

　　至正二十五年，徐達率領部隊東進，攻克了泰州。第二年，又依次拿下了高郵、淮安、興化等地，一舉平定了淮東地區。接著，他又以大將軍的身份率領二十萬水軍，由太湖出發，圍攻湖州，大敗張士誠軍隊。

　　至正二十七年九月，徐達掃清了張士誠餘部，並俘獲張士誠，勝利班師回朝。至此他被封為信國公。就在這一年的十月，朱元璋又命令徐達以征虜大將軍的身份與副將軍常遇春一同率領二十五萬大軍向北征討元軍，並且連戰連捷，很快就將山東全境佔領了。

　　到了洪武元年一月，朱元璋在今天的南京稱帝，當時南京被稱為應天。徐達以他卓著的功勳被朱元璋封為明朝的開國輔運推誠宣力武臣、光祿大夫、太傅以及中書右丞相，並且被封為魏國公。在這一年的三月，徐達又接受皇帝的命令向河南進軍，攻取了汴梁，也就是今天的河南開封。又在塔兒灣將五萬多元兵打敗，迫使元朝的梁王阿魯溫投降，最終平定了河南。接著他又分兵去攻打潼關，向西攻取華州。同年五月，朱元璋抵達汴梁親自督戰，徐達上奏皇帝請求乘勝追擊，直接攻打元朝的都城。當年七月，徐達移師北進，接連攻克衛輝、磁州等地。在臨清與明朝的各路軍隊匯合後，又沿著運河推進，在河西務大敗元軍，又將通州攻下，元順帝乘亂北逃。這一年的八月二日，徐達率領軍隊攻佔了大都，最終將元朝的統治推翻了。不僅如

此，他又乘勝奪取了真定、懷慶等地。當元朝遺部的將領擴廓帖木兒帶領軍隊從太原經雁門向北平進攻時，徐達趁元軍不注意的時候直搗太原，將山西佔領。

洪武二年，徐達帶領軍隊進入陝西，元朝將領李思齊出城迎降，張思道被徐達斬殺，陝西也被平定了。第二年，徐達在定西將擴廓大敗，俘虜了元朝的王公將領以下八萬多人。他也因赫赫戰功被明朝皇帝授予了中書右丞相的官職，並准許參與國家大事的商討，同時被改封魏國公。

洪武四年，徐達奉朱元璋的命令在北平鎮守，同時加緊操練軍馬，修築城池，並且統領北方的軍務。第二年，他與左、右兩位副將軍李文忠和馮勝分路出塞對北元進行征討。但是這一戰由於徐達輕敵冒進，在嶺北遭到了北元軍隊的大規模伏擊，損兵折將數萬人。第二年，徐達再一次率領部隊出征，在答剌海大敗北元軍隊。明朝遷都北京後，徐達也率領軍隊駐守都城。

徐達一生征戰沙場，剛毅勇武，持重有謀。不僅如此，他統領大軍紀律嚴明，南征北戰，戰功赫赫，曾經被朱元璋誇讚為「萬里長城」。徐達作為明朝的開國元勳，他以自己的卓越功績為明王朝的開創立下了汗馬功勞。在明朝正式建立後，徐達被朱元璋升為太傅、中書右丞相，後來又被封為魏國公，並且將他的三個女兒都封為自己的王妃。

洪武十八年二月，徐達五十四歲，在南京病逝。死後被朝廷追封為中山王，賜諡「武寧」，朱元璋親自為他撰寫了神道碑，讚揚他的精神和功績為「忠志無疵，昭明乎日月」，賜葬於南京鍾山之陰。

力戰克敵的開平王

　　常遇春外貌非常魁偉，膽量和力氣也超乎常人。他的手臂特別長，對於射箭很擅長。起初他跟從劉聚做強盜，後來經過思索，他察覺到跟隨劉聚始終做不了什麼大事，於是就離開了劉聚來到和陽投歸朱元璋。

　　據傳聞，在常遇春還沒有趕到和陽的時候，因為連日趕路困乏，就在田間睡著了。睡夢中他夢見一個披甲舉盾的神人在向他喊自己的主君已到。他一下從夢中驚醒，恰巧碰上朱元璋從這裡經過，常遇春立即起身上前迎拜，常遇春來到軍中沒多久，就自告奮勇地向朱元璋請求作為軍隊的前鋒。但是這時候的朱元璋還沒有下定決心接受他，但是在常遇春的再三請求下，朱元璋同意渡江後再做定奪。

　　朱元璋率領部隊進攻牛渚磯，而磯上布滿了元兵，朱元璋帶領的船隊離岸大概有三丈多，幾乎無人能夠衝破敵軍的阻撓登上岸去。這時候常遇春自駕一條小船飛速趕來，朱元璋命令常遇春上前進攻敵人。他聽從朱元璋的指揮，揮舞著手中的戈徑直衝向敵軍。敵人接住了他刺過來的鐵戈，聰明的常遇春也借勢一躍，飛上了岸，他一邊口中大喊著，一邊努力地砍殺敵兵。元軍終於被打敗了，朱元璋率領軍隊乘勝追擊，順勢將採石攻下，進而他又率領軍隊攻取了太平府。經過這一戰，朱元璋看到了常遇春作戰時的英勇，最終接受了他，並且還授其為總管府的先鋒，後來又封其為總管都督。

　　就在這時候，將士的大部分家眷和部隊輜重都留在了和州，元朝的中丞蠻子海牙又一次帶領水軍部隊對採石磯進行襲擊，這就導致和州與太平之間的水路被敵軍切斷了。朱元璋親自率領大軍抵抗元兵，

同時派常遇春帶領部隊在各處設疑陣，以此來分散敵人的兵力。開戰之後，常遇春自己駕著一個小船，帶領一小部分的士兵將海牙的大軍沖散成兩部分。這時候，朱元璋率領大部分軍隊趁機從左右一齊出擊，再一次大敗元軍，將敵人的全部戰船都繳獲了，江上的道路自然也被打通了。

接著常遇春又被派去鎮守溧陽，並且在配合攻打集慶的戰爭中是戰功最大的一個人。後來他又跟從元帥徐達對鎮江發動進攻，接著又攻取常州。徐達的軍隊被張士誠包圍在牛塘，常遇春前去救援，不但打敗了敵人，還抓獲了敵方將領，自此，他也被提升為統軍大元帥。在常州被攻下後，他又一次被遷升為中翼大元帥。在他跟從徐達攻打寧國的時候，不小心被流箭射中，但是他在剛剛包紮好傷口後，就又趕去前方繼續作戰，終於拿下了寧國。

後來陳友諒進逼龍灣，常遇春巧用五支軍隊在途中設下埋伏，將陳友諒的軍隊打敗，最終將太平府收復了。

起初，朱元璋任用的將帥共有三個人，分別為平章邵榮、右丞徐達和常遇春。在這三個人中，邵榮是善於打仗的老將。但是這時候他卻居功自傲，心懷不軌，一直在謀劃叛變一事。他的陰謀最終被察覺，朱元璋本來念在他多年的功勞上想饒他一死，但是常遇春卻不能容他，徑直上前對朱元璋說不與邵榮共生，朱元璋沒有辦法，只得流淚下令處斬邵榮。從此朱元璋對常遇春也更加喜歡和器重。

後來在池州一戰中，羅友賢勾結張士誠，佔據了神山寨，常遇春率領大軍對他進行討伐，最終打敗並殺死了他。他隨即跟從朱元璋進攻安豐。到了那裡，呂珍已經將安豐攻下，並且集合全部兵力準備抵抗朱元璋的進攻。雙方在交戰後，朱元璋左、右兩路大軍全部被呂珍打敗，就在這時候，常遇春帶領著軍隊從橫裡直接殺進了敵軍的陣營，並且連連獲勝，俘獲了呂珍大部分的兵士車馬。接著他便被派去

配合徐達圍攻盧州。就在盧州城即將被攻下的時候，陳友諒的軍隊把洪都包圍了，朱元璋立即將常遇春召回。朱元璋和常遇春集合部隊一起攻打陳友諒，但是陳友諒佔據優勢。在雙方交戰三天三夜後，朱元璋命令軍隊放火焚燒陳友諒的戰船，熊熊大火把湖面映得通紅，陳友諒潰敗不敢再戰。朱元璋率領的將領認為敵軍依然強盛，想放陳友諒逃走。這時常遇春沒有說一句話，朱元璋率領軍隊剛剛出湖口，就下令追擊陳友諒餘部。常遇春接到命令沿江而上，率領軍隊加緊追擊。陳友諒率領餘下的將領突圍，最終被徹底打敗，而他本人也戰死在洪都。部隊凱旋，常遇春又立下赫赫戰功，被賞賜了豐厚的錢財、絲帛和土地。

第二年，朱元璋居於吳王位，常遇春也被封為平章政事。朱元璋趕到武昌對軍隊進行視察。陳友諒原來的丞相張必先從岳州趕來集結軍隊支持武昌守軍。常遇春得到消息，在張必先的部隊結集之前，迅速帶兵出擊，並且將他擒獲。武昌守軍的士氣也因此一落千丈，最終武昌的守將陳理投降。常遇春趁此機會又攻佔了荊、湖各地。接著又跟從左相國徐達將盧州攻下，又將臨江的沙坑、麻嶺、牛陂等寨攻克，將陳友諒的知州鄧克明也擒獲，隨即又拿下了吉安。緊接著，常遇春帶兵對贛州進行圍攻，熊天瑞帶兵死守，攻了好久也沒有攻下來。朱元璋派人告訴常遇春，在攻城的同時不能隨意殺戮。於是常遇春改變了策略，他派兵將贛州城團團包圍，熊天瑞屯兵六個月，耗盡了全部的人力和財力，沒有辦法只好投降。常遇春果然不濫殺無辜。朱元璋知道這件事情後十分高興，他親自寫信對常遇春予以表揚和勉勵。

這一年的秋天，常遇春又被授予為副將軍，率領大軍對張士誠所建立的吳國進行討伐，他帶領軍隊先後在太湖、毗山、三里橋將吳軍打敗，接著又開始進逼湖州。張士誠立即派兵趕來救援，但都被常遇

春巧妙地擊退了。常遇春贏得了戰役的勝利。

　　經過這次戰役，常遇春被朱元璋封為副將軍，和大將軍徐達一起統帥大軍進行北征。在臨行前，朱元璋親自告訴常遇春不能輕敵，常遇春恭敬地接受了朱元璋的告誡。在洛水與元軍的戰役中，常遇春單槍匹馬衝入敵陣奮勇殺敵，逼降了梁王阿魯溫，攻下了河南各個郡縣。緊接著他又與大將軍徐達攻下了河北，沿黃河而進，最終進入了元大都。

　　常遇春雖然出身卑微，但是他並沒有因此看低自己存在的價值。在認清現狀不會有太好的發展之後，果斷地尋找另外的發展方向。而且他的深沉勇猛，讓他在戰場上奮勇殺敵，讓敵人也對他敬畏。他善於安撫士兵，總是第一個衝鋒陷陣，並且從來沒有失敗過，為此軍中的將士也是對他佩服得五體投地。雖然他小時候因家境貧寒沒有念過書，不熟悉經籍文史，但是在用兵上通常都與古代的兵法相符合，這也顯示了他超凡的軍事才能。不僅如此，他也是一個軍紀嚴明的將軍，雖然他與徐達同為將軍，而且還長他兩歲，卻多次跟從徐達南征北戰，嚴格聽從軍紀管束，對徐達也是恭敬有加。兩個人默契的配合為大明江山的開創共同立下了汗馬功勞，成為歷史上人人稱頌的明朝開元將軍。

戰功赫赫的寧河王

　　鄧愈，明朝大將，為朱元璋創建大明皇朝立下汗馬功勞，是明朝開國元勳之一。元末，鄧愈跟隨父親一起起兵反元，父親不幸戰死之後，鄧愈繼承父職，為完成父親的願望，領兵抗元。後來，鄧愈投到朱元璋的麾下，在江南的數次戰爭中，屢立戰功，因功晉升為廣興翼元帥，接著又被授予征南將軍、右御史大夫、領御史臺事等官職。洪武初年，鄧愈被封為征戍將軍，後晉封衛國公，繼而被賜予右柱國的職位，死後將其追封為寧河王。

　　元至元三年，鄧愈出生在虹縣龍宿裡，在今天的安徽泗縣。元朝末年，為了反抗元朝的黑暗統治，各地農民舉起義旗，國家動盪不安。鄧愈的父親鄧順興在同元軍的一次戰鬥中，不幸中箭身亡，他的兄長鄧友隆繼承父親的職務，掌握兵權。不久，鄧友隆也因病去世，年僅十六歲的鄧愈繼承父親遺願，繼掌兵權。

　　元至正十五年，十八歲的鄧愈率軍投奔朱元璋麾下，朱元璋任命鄧愈擔任管軍總管一職，同時賜名「愈」。在統一江南的戰役中，鄧愈和常遇春率領大軍從巢湖乘船一路南下，攻佔了沿途的牛渚磯、太平、溧陽、溧水、句容、蕪湖等十幾個地區。繼而乘勝渡江，攻佔金陵，殺死了鎮守元南臺的御史福壽。後又和徐達乘勢收復了鎮江、丹陽、金壇等地。鄧愈驍勇善戰，戰功卓著，因功提升做廣興翼元帥。緊接著，鄧愈率部南下，奪取了廣德、宣城、徽州等地，屢立戰功。

　　至正十八年，鄧愈轉戰到浙西境內，大敗元軍，元軍聞風喪膽，朱元璋對其稱讚有加，提升其擔任僉行樞密院事一職。不久，鄧愈再次率部進攻江西，打敗漢政權首領陳友諒的大軍，又被升為江南行省

參政，掌管各翼軍馬，掌握兵權。

幾年後，鄧愈率軍戍守洪都，祝宗、康泰產生叛逆之心，趁著夜色發起進攻，破城而入，給了鄧愈一個措手不及，慌亂之下，鄧愈僅率數十騎兵奔回應天，損失慘重。第二年，鄧愈隨大都督朱文正又一次駐守洪都，為了抗擊陳友諒部的猛烈進攻，鄧愈負責防守要衝之地，他深知責任重大，為了防止敵軍深夜來襲，他與眾將士三個月沒有脫下盔甲。鄱陽湖戰役之後，鄧愈又因為平定江西未附州縣有功，被提升做江西行省右丞，後又被調去湖廣擔任行省平章的職位。

朱元璋登基之後，加封有功之臣，鄧愈被封為太子諭德。在平定中原之後，朱元璋就下旨讓鄧愈以征戍將軍的身份率部攻佔南陽、魯山等地，鄧愈大獲全勝。

洪武三年，朱元璋封鄧愈為征虜左副將軍，與徐達一起西征。鄧愈與敵軍經過多次會戰，遠征甘肅，大敗北元軍。後又兵分幾路攻佔了河州，繼而招降吐蕃、烏斯藏等部落，明朝的勢力範圍日漸擴張。同年十一月，鄧愈率大軍班師還朝，由於功績卓越，朱元璋賜鄧愈宅第於南京洪武正街，封開國輔運推誠宣力武臣，提升其為榮祿大夫、右柱國，再封衛國公。

洪武四年，鄧愈率領大軍駐守襄陽，主要負責操練軍馬的工作，監督糧餉的運輸，為明軍攻佔夏蜀等地提供保障。

洪武十年，吐蕃生反叛之心，動盪不安，鄧愈任征西將軍，奉旨出兵平定吐蕃叛亂。鄧愈率軍一直到達崑崙山腳下，諸國紛紛投降，為大明皇朝開闢疆土千里有餘。十月，鄧愈率部凱旋班師，到達壽春。十一月，鄧愈因為常年征戰，積勞成疾，與世長辭，年僅四十一歲。朱元璋聞訊，失聲痛哭，無心朝政，停朝三日，親自出城迎接靈柩祭奠。

鄧愈一生忠心為主，驍勇善戰，戰功卓越，深得朱元璋的賞識和
重用，為了紀念鄧愈，朱元璋追封其為寧河王，諡號「武順」。

戎馬一生的名將俞大猷

　　俞大猷小時候特別喜愛讀書，尤其是對兵書更加癡迷。他喜愛兵法，因此就拜趙本為師。後來又遇到當時的名士李良，在他的門下學習。不久，俞大猷就練就了一身高強的武功。俞大猷父親雖然是朝廷的萬戶侯，但是掙的餉銀並不多，也僅僅夠養家而已。對於支付俞大猷拜師學藝的經費，實在有些吃力。但是儘管如此，他沒有因此改變自己的遠大志向，而是更加刻苦努力地勤加練習，等待將來能夠報效朝廷。

　　嘉靖十四年，俞大猷參加了本年的武舉考試，他憑藉自己多年的辛苦努力終於在會試中奪魁，被朝廷授為千戶侯，前往金門守禦。那裡的治理難度非常大，軍民之間常常會為了一些雞毛蒜皮的小事就互相訴訟，不肯相讓。俞大猷瞭解了情況，剛一上任，就以理耐心地做雙方的工作，一段時間之後，本地的訴訟糾紛明顯有所減少。

　　但是不久，他就發現這裡的海寇十分倡狂，在很短的時間內竟然多次侵擾內地，致使該地的災禍頻繁發生，百姓的生活也不得安寧。面對這種情況，俞大猷立即寫了奏章向監司上書，同時還提出了系列追剿海寇的具體方案。但是沒想到他的這次上書不但沒有得到肯定，反而還挨了板子並且被罷免了職務。過了沒多久，尚書毛伯溫去安南出征，俞大猷沒有被上次的挫折嚇倒，決定再次向毛伯溫上書，並且也陳述了他的用兵計策，同時還請求能夠從軍出征。毛伯溫非常欣賞他的才能，認為他是一個不可多得的人才。但是由於此次毛伯溫出征安南不利，所以這一次俞大猷仍然沒有被任用。

　　直到嘉靖二十一年，俺答汗帶兵大舉侵犯明朝邊境，朝廷急需用

人。於是明世宗頒佈詔書，向全國徵召武藝高強的勇士參軍入伍。俞大猷第一個自告奮勇報名參戰，御史記下他的名字並上報兵部。時任兵部尚書的毛伯溫看到他的名字之後將他破格錄用，並且送到了宣大總督翟鵬那裡。

俞大猷被送到翟鵬那裡以後，翟鵬以為他不過是一個耍槍弄棒的人，不免有些看不起他。但是又礙於毛伯溫的面子，最終還是決定親自接見一下。見面之後，翟鵬隨口問了他幾個有關兵法的問題，用意是讓他知難而退。但令他沒有想到的是，俞大猷卻能對答自如。翟鵬很吃驚，就又提出了幾個比較難的問題，但他還是將問題輕鬆解答了。為了考驗俞大猷，翟鵬又問他對眼前的防務有什麼看法。俞大猷也給出了很好的回答，還對當前的戰事進行了嚴密而透徹的分析。

一番交談下來，翟鵬對俞大猷很是欽佩，他認為俞大猷絕對有大將之風，所以並沒有同意他做一個小的將士。過了一段時間，他被毛伯溫委任為汀章守備。

上任之後，俞大猷就在當地建起了一個「讀易軒」，與別的學員一起學文舞劍。不僅如此，他率領部隊奮勇作戰，靈活用兵，接二連三地將海寇的進犯擊退，隨後他就因功被任命為代理都指揮僉事，負責管理廣東都司的大小事宜。

這時候，廣東的新興、恩平等地的少數民族民眾造反，朝廷派俞大猷前往處理。在處理此事上，他沒有動用武力，而是對當地人民關愛有加，不但教他們武藝，讓他們自衛。還巧用計策為當地剷除了一個惡霸。沒過多久，經過一番努力，他就與當地的民眾簽訂了盟約，毫不費兵力地平定了這一帶的叛亂。

剛剛平定了新興、恩平的叛亂，沿海一帶的倭寇又變得倡狂起來。他們不斷深入內地燒殺搶掠，給當地的百姓帶來了極大的痛苦，同時更是對大明王朝的統治構成嚴重威脅。明朝政府經過思慮下定決

心組織軍民抗擊倭寇的進攻。

　　嘉靖三十一年，倭寇的侵犯更加猖獗，開始入侵浙江。這一次倭
寇來勢洶洶，沒有多久就突破了寧波和紹興的防線，轉而又將矛頭指
向了松陽。不久，大半個浙江就淪入了敵手。

　　就在朝廷對倭寇的進攻無能為力的時候，俞大猷的出現解決了朝
廷的燃眉之急。朝廷派他帶領軍隊前往浙江抗倭。俞大猷剛剛到任，
立即對當地的情況做了詳細地勘察，他發現敵軍並沒有固定的據點，
所以也沒有辦法集中兵力進行大規模圍剿。他經過一定的研究決定在
水道上對敵船進行阻攔，堵住敵寇返回的水路，然後將他們圍起來一
起消滅。

　　這時候有人對他的計策不是很認同，擔心倭寇沒有退路，會被逼
直接深入內地，這樣就會造成更大的禍害。但是俞大猷已經清楚地分
析了戰況，對此事胸有成竹，並且向大家詳細解釋了利弊。朝廷派張
經為右都御史兼兵部右侍郎，任命俞大猷為蘇松副總兵，二人共同抗
擊倭寇的進攻。這一戰，俞大猷領導士兵大敗倭寇。但是很快，倭寇
又發動了更大規模的進犯。這次敵人不僅兵多勢眾，而且佔據有利的
地形，所以俞大猷最終選擇以守為主的戰略。在戰爭中佔領敵人入海
的要道，將他們的退路徹底切斷。這樣，不僅有利於牽制住敵軍，還
可以為自己贏得更多等待援軍的時間，等到朝廷派遣的援兵一到，就
迅速出擊，將倭寇一舉殲滅。

　　張經對俞大猷的作戰計劃非常支持，雙方互相配合，終於再一次
擊退了敵人的進攻。但是這一仗下來，令人氣憤的是，俞大猷帶領士
兵出生入死打下的戰功，卻被奸詐小人嚴嵩的黨羽冒領了。俞大猷的
軍隊對此憤憤不平，但他卻胸襟坦蕩地規勸將士要摒棄個人榮辱，以
保家衛國為重。

　　此後，倭寇又屢屢進犯沿海地區，明軍再次出海。俞大猷聯合僉

事董邦政分兵攻打前來進犯的倭寇,將大部分的倭寇都擊退了,同時
繳獲了敵人九條戰船。但是餘下的三百多倭寇卻屢次將趙文華等人率
領的明軍打敗。這時候,曹邦輔卻上書朝廷對俞大猷進行彈劾,說他
放縱敵人在明朝邊境胡作非為。明世宗不辨黑白,立即下令削奪了俞
大猷的世蔭,但讓他繼續抗擊倭寇戴罪立功。

此時,周浦的倭寇因為多日被明軍圍困,終於忍不住狗急跳牆,
連夜向東北方向逃跑,後來又遭到了明軍的伏擊,大敗。

後來舟山倭寇橫行,俞大猷被派去抗擊舟山的倭寇,經過努力,
他率軍將那裡的敵軍全部殲滅。俞大猷也因此被提升為代理都督。這
一戰之後,倭寇不服,又捲土重來佔領了舟山。因為明朝海盜江直的
同黨毛海峰與倭寇互相勾結,致使這次抗倭戰爭遭到失敗。嘉靖三十
七年,倭寇逐漸守不住舟山,便從岑港遷移到柯海。俞大猷乘此機會
將敵船擊沉,經過將士的奮力抗擊,將舟山一帶的倭寇掃平了。

雖然這次對倭寇的圍剿也勝利了,但是明朝官軍圍困倭寇那麼長
時間,早已疲憊不堪。這時候明朝官員胡宗憲暗中慫恿倭寇逃走。御
史李瑚就以此事為藉口對胡宗憲進行彈劾,但是卑鄙的胡宗憲卻將這
個罪名推到了俞大猷的身上,明朝皇帝沒有查清事實就將俞大猷投入
監獄,並再一次削奪了他的世蔭。

後來,明朝軍隊在安解堡與敵人戰鬥,由於敵人負隅頑抗,皇上
下令釋放俞大猷,讓他輔助指揮戰鬥,最後取得了安解堡大捷。之後
經朝廷的批准,俞大猷又參與了襲擊板升的戰役,並且也最終獲得勝
利。至此俞大猷的世蔭再一次恢復。敵寇又轉到廣武一帶進行燒殺搶
掠,俞大猷被任命為鎮篤參將,帶領軍隊抵抗倭寇的入侵。

嘉靖四十年七月,俞大猷被朝廷派去平定進犯廣東饒平的倭寇,
那裡的倭寇近幾年來都沒有被平定。經過俞大猷帶領士兵頑強戰鬥,
終於將這一代最難對付的倭寇給平定了。嘉靖四十一年,倭寇向福建

沿海地區進犯，先後將明朝的興化、平海衛等地攻陷，並且想要以此為據點，對明朝展開大規模的侵擾。於是朝廷急派俞大猷以福建總兵的身份，命令戚繼光任副總兵，二人聯合前往圍剿那裡的倭寇。

次年，俞大猷又按照皇帝的命令到平海衛去平定那裡的叛亂。「戚家軍」還沒有到來的時候，俞大猷與當地的守將進行征戰策略的商討，他認為在敵軍人多氣焰勝的時候應該按兵不動。但是眾人都不同意他的觀點。不過他的高見得到了譚綸的贊同。他力排眾議，一直等戚家軍的援兵到了，終於將當地的倭寇一舉殲滅。

俞大猷平倭十六年，名震南方，他本人秉性剛直、不懂諂媚，所以也得罪了朝中不少權貴之人。但是他為將廉潔，有操守。同時又治軍有方，紀律嚴明，他帶領的「俞家軍」作戰英勇，大軍所到之處，令敵人聞風喪膽，為平定中國的海疆做出了巨大的貢獻。

「戚家軍」的領導戚繼光

　　戚繼光出生於一個將門世家，他的父親戚景通世襲登州衛指揮僉事，曾經擔任過都指揮、大寧都司、江南漕運把總等職位。他父親武藝精熟，為人剛正不阿，對朝廷忠心耿耿。戚繼光深受家庭環境的影響，從小就非常喜歡軍事。戚景通對他抱有的期望也很高，從小就親自教他讀書寫字，陪練武藝，還經常會為他講解一些為人處世的道理。

　　嘉靖二十三年的時候，他的父親因病去世，戚繼光承襲父親的職位，做了登州衛指揮僉事，那時候的他只有十六歲。

　　到了嘉靖二十八年，朝廷開展武試，戚繼光考中武舉，第二年又進京會試，正好趕上蒙古的俺答汗帶兵圍攻京城，戚繼光被臨時受命帶兵守衛京城的九門，這期間，他進行了兩次守禦方略方面的上書。

　　嘉靖三十二年，戚繼光又被朝廷提升為都指揮僉事，對登州、文登、即墨三營的二十五個衛所進行統一管理，對山東沿海的倭寇進行防禦和抵抗。戚繼光到任以後，立即著手對軍隊進行整頓，加緊訓練士卒，嚴明軍紀，大大改觀了山東沿海的防務情況。

　　嘉靖三十五年九月，倭寇八百多人進攻龍山所，戚繼光聽到消息立刻帶領著軍隊前往抵抗。倭寇將軍隊分成三路進行攻擊，明軍在倭寇的攻擊下紛紛潰退，在這危急之時，戚繼光一連三箭射殺了三個倭酋，倭寇被迫後退。當年十月，倭寇又一次進犯龍山所，戚繼光與俞大猷等人率領明朝軍隊進行抗擊，他們三戰三捷。在這次的龍山所之戰中，戚繼光初步顯示了他的軍事才能。不僅如此，經過這次戰役，戚繼光深刻認識到明軍缺乏訓練，沒有實戰經驗，臨陣畏縮的弱點，

於是，他向自己的上司提出訓練軍隊的建議。

　　嘉靖三十八年，戚繼光練兵的建議被批准。一次，他目睹了礦工之間互相打架的場面，於是決定立即從他們中招募軍隊，招募了大約四千人，並對他們進行嚴格的軍事訓練，後來就成了歷史上有名的戚家軍。第二年，戚繼光又分析了倭寇的作戰特點和沿海的複雜地形，創立了能夠有效攻防的「鴛鴦陣」。

　　嘉靖四十年，倭寇再次揮兵大舉進犯浙江，船隻多達數百艘，人數也多達兩萬，戚繼光帶領自己訓練的戚家軍在台州一連和敵軍進行了十三次大戰，並且全都取得了勝利，使當地的倭寇遭到了毀滅性的打擊。自此浙江的倭患基本被平息。後來戚繼光被提升為都指揮使，他帶領的「戚家軍」也由此而聞名天下。

　　嘉靖四十一年冬天，倭寇攻陷了興化府城，在那裡燒殺搶劫，無惡不作。第二年的四月，戚繼光奉詔帶領戚家軍迅速趕到福建。戚繼光帶領軍隊以火攻的方法打敗倭寇。

　　平海衛之戰後，又有大批倭寇登陸。到了嘉靖四十二年十一月，兩萬多倭寇對仙遊進行圍攻，城內軍民晝夜死守城門，雙方都付出了慘重的代價。譚綸和戚繼光率領軍隊前來解救，但這時的戚家軍只有六千人，與敵軍的人數相差甚遠，直到第二年的一月，換防的軍隊到達這裡，戚繼光統籌所有的軍隊，各路大軍相互配合作戰，終於將倭寇全部打敗，解除了仙遊之圍。戚繼光在這次兵力懸殊的戰役中，以豐富的實戰經驗和靈活的作戰方式大獲全勝，此戰體現了他卓越的軍事才能。

　　隆慶二年，剛剛平定了「南倭」的戰亂，他又奉命前去薊州抵禦「北虜」的侵犯。他被任命為京軍神機營副將，後來又被朝廷任命為薊鎮總兵，負責軍隊的軍政事務。戚繼光到任以後一面加緊對士兵進行訓練備戰，一面加緊構建軍事防禦工事。到嘉靖五年，隆慶進行了

和議，此時能夠對明朝北邊構成威脅的只剩下了蒙古族土蠻部。

萬曆二年，朵顏酋長和他的侄子企圖率領軍隊直接入京騷擾，但最終被戚繼光擊退。第二年，他們再次率兵南下，戚繼光的弟弟被俘虜。這時候的明軍防禦穩固，兵力強盛，朵顏只能率兵請降，「被虜」問題最終得以解決。戚繼光在北邊巡防駐守了十六年，加強了邊關的防守，有效地保證了京畿和華北地區的安寧。

萬曆十一年，戚繼光奉詔調往廣東。在廣東，戚繼光感覺自己毫無用武之地，於是他開始集中精力整理自己的軍事著作，在這段時間內，他創作的軍事著作有《紀效新書》、《練兵實紀》和詩文集《止堂集》等。但長年在外征戰累積下來的勞累憂鬱也讓他的身體每況愈下，最後，他只得辭官回家休養。而朝廷也趁機將他的軍政職務罷免了。

萬曆十三年，戚繼光回到了自己的故鄉山東。僅僅過了兩年的時間，他就在清貧與寂寞的陪伴中與世長辭，終年只有五十九歲。

戚繼光是明代著名的抗倭將領、軍事大家。他戎馬一生，南征北戰，終於為明朝消除了「南倭北虜」的兩大邊患，被後人尊敬地稱為民族英雄。戚繼光晚年的軍事著作，都是自己多年來實戰經驗的總結，其中所包含的軍事思想對後世的軍事家有著極大的影響。

半世功名終成空的袁崇煥

　　袁崇煥，萬曆十二年四月二十八日出生在廣州府東莞石碣鎮水南鄉的一個商人家庭。萬曆三十四年八月，二十二歲的袁崇煥考中了舉人。至此之後，他又先後五次赴京趕考，但都落榜了。直到萬曆四十七年，袁崇煥才考中了進士，被授予福建邵武知縣的官職。袁崇煥在任期間，積極整頓吏治，為當地的百姓斷獄雪冤，剛正不阿，因其盡心為民辦事，深受當地百姓的愛戴。

　　天啟二年一月，袁崇煥遵照明朝的規定，到京師朝觀皇帝並接受朝廷對官員政績的考核。當時，遼東告急，伴隨著廣寧和義州相繼失守，遼東的軍事防線也面臨著全面崩潰的危險。後金軍勢強大，致使京師滿朝文武官員談敵色變。在這樣的情況下，袁崇煥單騎出關，巡視戰前的形勢。回京後，他向皇帝稟報了關外的軍事情況，並自動請纓去關外抗敵。到了遼東，他認真分析了當時的敵情，並且上書朝廷，朝廷經過商議，採納了他的建議。並且派孫承宗前往遼東督戰。

　　天啟三年初，袁崇煥接受孫承宗的調命前往蒙古喀喇沁諸部，將淪陷的八里鋪至寧遠的失地全部收回。九月，袁崇煥接受命令駐守寧遠城，並且構建關寧的防線。袁崇煥進行了全方位的部署，積極營築防禦工事，督率軍民造械練兵，然後又開始墾荒屯田充足糧草，他的努力終於使邊關的危機形勢得到了好轉。十月，袁崇煥回京復職，正好趕上父親去世，他上奏朝廷還鄉奔喪，但明熹宗不准奏，他只好放下孝道，選擇了忠義，又重新回到了寧遠。後來孫承宗因故調任，袁崇煥接受朝廷命令管理遼東的軍政事務。

　　天啟六年一月，後金率軍攻打遼東地區，最終打到了寧遠城。袁

崇煥召集軍中的將領進行商議，決定死守。經過三天三夜與金軍的大戰，終於守住了寧遠城。兩軍實力相差懸殊，但明軍在袁崇煥的帶領下，靈活作戰，最終以少勝多，取得明朝抗金的首次勝利，歷史上稱為「寧遠大捷」。

天啟七年五月，皇太極為了給父親報仇，率領十萬大軍親自西下進攻錦州。袁崇煥帶領明朝軍隊死守錦州，可是面對敵我懸殊的軍事實力，他揮刀寫下血書激勵將士，袁崇煥雖然身受重傷，血染戰袍，但他堅持在城樓上晝夜督戰。皇太極連番進攻都沒有成功，傷亡慘重，最終只得撤向錦州，錦州的守軍憑藉堅固的防守工事，再加上火炮利箭，全城軍民拼死抵抗。經過將近一個月與金軍的血戰，明朝大軍最終保住了明朝的疆域。皇太極在這一戰中損兵折將，不得不退守到瀋陽。這是明軍反抗後金侵略的第二次大的勝利，歷史上稱為「寧錦大捷」。這一年的八月，明熹宗駕崩，崇禎帝剛剛即位就把奸臣魏忠賢誅殺了。

崇禎帝即位以後，對袁崇煥委以重任，並且賜給他尚方寶劍。袁崇煥回到寧遠城以後，開始著手管理邊防事務，加緊練兵，期間，金軍又攻陷了不少城池，袁崇煥開始招募士兵，積極備戰。在備戰期間，東江總兵毛文龍，自恃功高不聽調度。袁崇煥親自勸解，曉以大義，希望他能夠有所收斂，恪守綱紀。但毛文龍不但不聽，還公然分立軍隊，袁崇煥沒有辦法，羅列了他十二條罪狀，持尚方寶劍將他斬殺。

崇禎二年十月，皇太極又親率十萬大軍捲土重來，他繞過袁崇煥駐守的山海關直接進攻北平。袁崇煥臨危受命，帶領軍隊救援，統領各鎮援兵。十七日，袁崇煥見敵情嚴重，就沒有顧忌到明朝律法：非禁衛軍不得入京畿的禁忌，率領九千騎兵直接到達了廣渠門外。二十日，袁崇煥與祖大壽帶領軍隊與金軍奮戰了一整天，讓金軍敗退到三

十里之外。後來，經過多日的戰鬥，皇太極發現強攻不下，於是假作
「議和」之態，暗中施行「反間計」。他命手下的將領假扮袁崇煥和
皇太極秘密商量事宜，讓俘虜的明朝太監竊聽，又故意讓太監逃脫，
逃脫的太監回去之後就將此事報奏了崇禎皇帝，崇禎帝竟然對此事深
信不疑。當年十二月一日，崇禎帝找藉口召回袁崇煥，並指責他「擅
殺毛文龍」等事，將袁崇煥逮捕入獄。

　　崇禎三年一月，後金兵連遭重創，皇太極只得將大軍撤回瀋陽。
八月，崇禎帝將袁崇煥以「咐托不效，專恃欺隱，以市米則資盜，以
謀款則斬帥，縱敵長驅，頓兵不戰。及至城下，援兵四集，盡行遣
散。又潛攜喇嘛，堅請入城」等罪名施以碟刑。一代名將就這樣被冤
枉斬殺了。袁崇煥在行刑前，大聲喊出了自己的臨終遺言：一生事業
終成空，半世功名在夢中。死後不愁無勇將，忠魂依舊守遼東。

　　袁崇煥本是一介書生，但在國家內憂外患、民族危難的時候，他
棄筆從戎，挺身而出，肩負起了保家衛國的重任。他以自己的機智和
勇猛多次打退後金軍隊的進攻，造就了歷史上以少勝多的幾次奇跡戰
役。但是他的一生卻是悲慘的。他為了實現自己心中的民族大義，毅
然接受命令，放棄了為父奔喪的責任。可就是這樣一個心懷大義的英
雄將領也抵擋不了小人的奸計陷害，最終落得入獄枉死。

虎踞遼東三十年的總兵李成梁

李成梁，遼東朝鮮人後裔，他的父親李英投奔明廷，被授予鐵嶺衛指揮僉事世職。後來，家道中落，之後因為李成梁屢建戰功，嘉靖四年被任命為遼東總兵。縱橫沙場四十多年的李成梁，鎮守遼東近三十餘年，與北方游牧部落多次激戰，大獲全勝，幾十年間，李成梁立頭功的次數上萬有餘，為明朝開疆拓土，立下汗馬功勞，戰績卓越。李成梁憑藉鎮邊的輝煌戰績被皇上晉封為寧遠伯，世襲錦衣指揮使，功蓋當世，權傾遼東。

嘉靖五年，李成梁出生在遼東鐵嶺一個將門家族。他的父親李英投奔大明皇朝，被委以重任。後來，不得志的李成梁一直到四十歲才得到晉升的機會，從巡按御史升為遼東鐵嶺指揮僉事。李成梁奉旨鎮守險山堡，也就是今天的鳳城東湯鎮土城子村，從此以後，李成梁開始了他真正意義上的軍政生涯。

隆慶元年，土蠻部大舉進攻永平，李成梁奉旨率部支持，因功晉升擔任險山副總兵一職，同時擔負起駐守遼陽的重任。

隆慶四年十月，經過遼東之戰，李成梁升為遼東都督僉事，戍守廣寧。此後，李成梁在遼東地區大顯身手。嘉靖後期到隆慶年間，北方的韃靼插漢兒部落曾多次進攻遼東。十年抗戰期間，明朝慘死三員大將。李成梁上任後便開始招兵買馬，大肆拓展軍隊，軍隊的實力日漸強大，組成了一支讓敵人聞風喪膽、所向披靡的遼東鐵騎。

第二年，李成梁和他手下的副將趙完在卓山夾擊敵人，大敗敵軍，斬獲甚眾，皇帝龍顏大悅，封李成梁為署都督。之後，李成梁率部擊潰了插漢、朵顏等部的數次進攻，屢立戰功。

　　萬曆二年，李成梁以火攻的方式攻破了建州女真首領王杲的老窩，因公被授予左都督的職位。第二年，李成梁開始大興土木，先後建成寬奠、長甸等六堡，拓展疆土七百餘里。他奉命出兵瀋陽，利用火器的強大威力大破泰寧部、插漢部兩萬餘騎，勝利凱旋。

　　後來，戰無不勝的李成梁遇到強敵，那就是號稱蒙古最為神勇、戰無不勝的速巴亥大軍，速巴亥大軍對河東發動猛烈進攻。皇帝百感交集，速命李成梁率領遼東鐵騎，長途跋涉，日夜兼程，奔襲二百里，直搗敵軍大營。在毫無防備的情形之下，蒙古大軍被李成梁的鐵騎打得落花流水，死傷無數，蒙軍折損五員大將，簡直是大快人心。皇帝因此對李成梁更加器重。速巴亥大軍經過八個月的修整，再次進犯明朝邊境。速巴亥發誓這次一定要活捉李成梁，一雪前恥。李成梁再次迎戰蒙古大軍，李成梁深知如果硬碰硬，一定會兩敗俱傷，於是採取偷襲的策略，大敗速巴亥。速巴亥大軍遭到前所未有的打擊，元氣大傷，自此之後再不敢產生進犯遼東的念頭。前方連連捷報，神宗朱翊鈞大喜過望，率領大臣去祖廟焚香祭祖，將李成梁冊封為寧遠伯。之後，李成梁又大敗土蠻，攻破女真首領卜寨的營壘，大明皇朝的疆域越來越大，李成梁的功績不容小覷。

　　萬曆十八年，李成梁奉命遣兵出塞襲擊插漢部，不料中途遭伏，傷亡慘重。李成梁害怕皇帝怪罪，竟然隱瞞敗績，報功領賞。這種殺良冒功的伎倆，李成梁也不是第一次使用，過去因為得到張居正的庇護，朝廷才睜一隻眼閉一隻眼，不予深究。而現在張居正去世，李成梁卻還是不知收斂，依然我行我素。諫官好不容易抓住李成梁的把柄，立刻稟報皇上，不僅如此，還大造輿論，一時間，朝廷對此議論紛紛，使得神宗漸漸疏遠了李成梁，對他也不再像從前那樣信任了。

　　第二年，李成梁又想借事邀功領賞，便自作主張，命令手下副將李寧襲擊板升，結果偷雞不成蝕把米，損兵數千。同年十一月，朝中

大臣又一次彈劾李成梁多次欺瞞聖上，謊報軍情，神宗接受了言諫官的上書，下旨將李成梁的革職查辦。李成梁的鎮遼使命就此結束，返回京師。

李成梁被革職之後，一直沒有可擔守衛遼東重任之人。而李成梁的長子李如松曾跟隨父親征戰多年，算得上是一位可用之才，曾在援助朝鮮、平定哱拜的這兩次大的戰役中任主將，都是完勝告捷。萬曆二十五年，力排眾議的神宗選擇李如松擔任遼東總兵。但是僅僅一年的時間，李如松便戰死在同蒙古部落的戰役中。

萬曆二十九年，努爾哈赤異軍突起，統一女真，鋒芒日漸強硬，矛頭直指大明王朝。遼東的局勢越發嚴峻，七十五歲高齡的李成梁不得不再度出山。可是，李成梁畢竟年事已高，再加上努爾哈赤今非昔比，他的勢力日益強大。此時的李成梁為了保全自己，只得一而再再而三地殺良冒功，虛領軍餉，謊報軍情，使遼東形勢惡化得更加嚴重。

萬曆三十六年，諫官再次彈劾李成梁，神宗半信半疑，速派御史熊廷弼去遼東進行查證。熊廷弼收集了李成梁的罪證數十條，回京後如實稟告給了神宗。神宗聽後，龍顏大怒，但念在李成梁為朝廷建立過不少功業，從寬處理，沒有給予嚴厲處罰，僅僅罷免官職，貶為平民。

萬曆四十三年，李成梁因病去世，享年九十歲。就這樣，李成梁在一片罵聲中結束了自己的一生。

收復臺灣的民族英雄鄭成功

　　鄭成功於天啟四年七月十四日出生在日本。父親鄭芝龍是當時大名鼎鼎的海盜，在中國東南沿海海域及日本海域頗有名望，勢力強大。他的母親是日本人田川氏。六歲之前，鄭成功一直跟著母親住在平戶，母子二人相依為命，鄭成功的童年過得很快樂。隨著時間的流逝，鄭成功漸漸長大，和平安逸的生活也隨之結束了。

　　鄭成功的父親鄭芝龍因受大明皇帝的賞識，被朝廷招安任官，鄭成功跟隨父親回到了泉州府南安縣石井津居住，在那裡上學讀書。崇禎十一年，鄭成功在科舉考試中考中秀才。崇禎十四年，鄭成功娶福建泉州惠安進士禮部侍郎董颺先的侄女為妻，夫妻二人舉案齊眉，相敬如賓，生活得很幸福。

　　崇禎十七年，鄭成功拜錢謙益為師，以求深造。也就在這一年，李自成圍攻京師，大獲全勝，崇禎帝自縊，明朝滅亡。之後，吳三桂引領清軍進入山海關，福王朱由崧登基，改元弘光。

　　弘光元年，大清豫親王多鐸攻破了揚州、南京，弘光政權滅亡。之後，鄭芝龍、鄭鴻逵二人於福州擁立唐王朱聿鍵即位，改元隆武。鄭芝龍立下了汗馬功勞，他的兒子自然也要得到朝廷的恩惠了。

　　隆武元年，鄭成功深得隆武帝的賞識，被賜封為忠孝伯，任御營中軍都督，並賜國姓，改名為「成功」，冊封禮同駙馬一樣。因此，鄭成功又被稱為「國姓爺」。

　　隆武二年，鄭成功領軍，奉命進出閩、贛境內，多次與清兵展開大戰，頗受皇上的器重。鄭成功可謂是風光無限，所謂物極必反，戰功赫赫的他不免有人暗生嫉妒之心，欲除之後快。就拿洪承疇來說，

他與鄭芝龍是同鄉，在他的利誘之下，鄭芝龍不顧及鄭成功、鄭鴻逵等人的堅決反對，執意北上降清。鄭芝龍降清不久，清軍將領就背信棄義，違背約定，將鄭芝龍及其家眷挾往燕京，與此同時出兵攻打閩南南安。鄭成功的母親田川氏不幸遭難，死在了戰亂中。鄭成功得到噩耗之後，悲痛不已，而母親的死也更加堅定了他抗清的決心。同年十二月，鄭成功以「忠孝伯招討大將軍罪臣國姓」之名，誓師反清。

隆武三年，鄭成功與鄭彩的部隊會合，攻打海澄。同年八月，鄭成功又與鄭鴻逵共同圍攻泉州城。

隆武四年，前朝浙江巡撫盧若騰來歸，鄭成功再次出兵反擊，一舉拿下同安縣。五月，鄭軍又圍攻泉州。此後，清軍抵達泉州，鄭成功勢單力薄，愴然退回海上。

永曆三年，鄭成功將年號改為正朔。永曆帝封他為延平王。十月，鄭成功再次揮兵南下。

永曆四年，鄭成功攻取潮州。

永曆五年，鄭成功抵達南澳。

永曆六年，海澄的守將赫文興亦被鄭成功降服。

永曆七年，金礪進犯海澄，與鄭成功展開激烈戰鬥。

永曆八年，定西侯張名振見清軍將軍力集中於福建境內，便向鄭成功請師，同時率領上百艘戰艦北上，意圖奪取江南等大部分地區。十一月，漳州協守劉國軒也向鄭成功投降，帶領鄭成功的大軍浩浩蕩蕩進入了漳州府城。

永曆九年，永曆帝授予鄭成功特殊的恩賜，特准鄭成功可以委任官職。鄭成功亦將廈門改名思明州，並派人建造了演武亭，作為操練士兵的場地。

永曆十年，鄭成功在護國嶺戰役中大獲全勝。

永曆十二年，鄭成功親自率領水陸軍十七萬軍隊與張煌言會師，

大舉北伐，但最終功虧一簣。次年，鄭成功決定再次北伐，這次不同先前，鄭軍接連攻下鎮江、瓜洲，進而包圍南京。本以為這次可以一雪前恥，但最終沒能得其所願，因為一時疏忽中了清軍緩兵之計，遭到清軍突襲，損兵折將，鄭成功為此懊悔萬分。

永曆十四年，鄭成功在福建港殲滅清軍水師四萬餘人。

永曆十五年，北伐失敗之後軍中糧草不足問題很嚴重。為瞭解決軍隊後勤給養的問題，鄭成功決意前往臺灣。鄭軍在臺江同荷蘭軍艦展開激烈的海戰，擊沉了荷軍的軍艦，同時取得了臺江內海海域的控制權。鄭成功步步緊逼，四月五日，普羅民遮城守軍投降。五月二日，鄭成功改赤崁為東都明京，並設一府二縣，為承天府、天興縣和萬年縣。

永曆十五年，荷蘭東印度公司在巴達維亞調遣援軍到達大員。七月中旬，停泊在外海的荷蘭援軍遭遇強風侵襲被迫離開了大員海岸。八月中旬，在與荷蘭軍隊的臺江內海戰役中，鄭軍大獲全勝。同年十二月，德籍荷蘭士官叛逃，鄭成功炮轟擊毀烏特勒支碉堡，而熱蘭遮城之破也最終成為定局。十二月八日，荷蘭表示同意「和談」，退出了臺灣。

康熙即位之後，當權者鰲拜忌憚鄭成功的功勳，想方設法地要除去鄭成功，解除心腹大患。鄭成功多年征戰，久病成疾。永曆十六年五月去世，年僅三十九歲。

鄭成功的一生風光無限，戰功赫赫。他收復了臺灣，受到臺灣人民的敬仰和愛戴。他的豐功偉績也為後人銘記，永載史冊。

為國捐軀的史可法

　　西元一六二一年的冬天，史可法回到原籍大興考試，住在一座古廟裡。有一天晚上，刻苦學習的他因疲憊趴在書桌上睡著了，正好順天府學政左光斗進來避雪，讀完他放在桌上的文稿後，覺得他很有才能，於是脫下身上的貂裘為其蓋上。後來經過詢問，知道了他的名字。考試的時候，左光斗又與史可法相逢，他作為主考官，他在聽到有人喊史可法的名字後，就一直注意著他，由於他之前就看過史可法的文章，在看完他的試卷後便將其定為第一。之後，他在後堂會見史可法，他對自己的妻子說：「我幾個兒子的才能都不好，只有這個小子以後能繼承我的事業。」左光斗十分看重史可法，史可法也很敬佩左光斗的為人，左光斗深深影響著史可法。

　　明朝末年，政治腐敗。在政治和經濟上，東林黨與閹黨都有著不可協調的利益衝突，不可避免地發生了激烈的鬥爭，但由於閹黨手中握著皇上這張王牌，最終東林黨慘遭失敗。

　　西元一六二四年，左光斗彈劾奸宦魏忠賢。還沒有遞上奏章，魏忠賢就知道此事，於是很快就將其罷官。西元一六二五年，左光斗由於魏忠賢鎮壓東林黨的事情而被打入宦官手下的東、西廠監獄。因怕被牽連，左光斗的朋友都不敢去探望。史可法思師心切，一直想找機會去探望。當時，魏忠賢戒備得很嚴，不准任何人隨意探監。

　　有一天，史可法的誠心打動了獄吏，獄吏於是放他進去探望受了嚴重刑罰，危在旦夕的左光斗。

　　史可法見到了因遭受火刑而變得面目全非的左光斗，他的左膝筋骨也被挑斷，史可法低聲哭著跪在他的面前。立靠在牆壁上的左光斗

聽出是史可法的聲音，使出全力睜開黏合的眼皮，指著史可法說道：
「你這個笨蛋！竟然敢來這裡，知道這是什麼地方嗎？你居然輕視自
身責任，那誰來支撐國家大事？與其等遭奸人所害，不如現在我就打
死你！」說完，左光斗摸索著拿起起地上的鐵鍊，做出要打他的動
作。

　　不久，左光斗就在獄中死去。史可法每次想起他死前說的話，內
心就無比激動，他經常對人說：「我老師是鐵石心腸，他無所畏懼，
勇往直前的精神，同天地永存！」他始終記著老師的教導和期望，化
悲痛為力量，下定決心要做個像老師一樣孝忠國家的人。

　　西元一六二八年，史可法高中進士。同年，他被任命為陝西西安
府推官，自此他的政治生涯開始了。在他二十七歲那年，仕途明朗。
崇禎帝清除了蠹國害民的魏忠賢，恩師沉冤昭雪，而自己在科場上勢
如破竹，這一切對於他來說，都是非常愜意的事。此後的事實表明，
對崇禎皇帝的感謝之情糅合在他的忠君思想中。他在擔任西安推官
時，當地發生災荒。他體恤百姓，賑荒熟練，聲名大振。

　　西元一六三二年，朝廷將他調回京城任戶部主事，不久晉升為員
外郎，後來又被升為郎中。他在戶部，掌管太倉和遼餉，每天經手的
錢糧無數，但他卻保持清廉。當時在官場上貪污受賄成風，像他這樣
為官清廉的人，少之又少。

　　西元一六三七年，史可法被提升為右僉都御史。後來因蝗災發
生，糧價飛漲，他一邊命令官民捕滅蝗蟲，一邊調集糧食，上書請求
皇帝免除百姓的田賦。

　　他將減輕百姓的負擔放在第一位，處處約束自己，生活十分儉
樸，自己種植糧食蔬菜，一年四季都穿著同一件官服。

　　史可法為瞭解除六安地區老百姓的沉重負擔，下令取消當地百姓
每年為官府養一批馬的規定，改由官府雇人養馬。除此之外，他還嚴

懲了貪污勒索嚴重的官吏。

史可法帶兵軍紀嚴明，十分憤恨擾害百姓的官吏，對其處罰非常嚴厲。有一次，一位姓蘇的士兵殺害了六安縣的一個老婦。他馬上將其正法，沒想到這位士兵的同夥竟然暗中勾結了一百多人在軍中鬧事，晚上的時候更是放起火來，想乘亂殺害史可法。他命令身邊的人馬上帶著公事文件躲避。而史可法面對蜂擁而至的亂兵，毫不驚慌，手提寶劍端坐在大堂上，亂兵面對正氣凜然的他，都失去了勇氣和信心，一個個都灰溜溜地逃走了。事後，史可法立即派人調查因起火而受害的主戶，賠償他們的損失。

史可法不但心繫民生苦難，而且對明廷也忠心耿耿。西元一六三七年七月，他巡撫安慶、廬州等地。因為政績斐然，所以崇禎帝十分欣賞他。

西元一六四一年，史可法被提升為戶部右侍郎兼任右僉都御史，主要負責總管漕運，巡撫鳳陽、淮安和揚州等地。在西元一六四三年七月，他晉升為南京兵部尚書，並且參與朝廷決策。

西元一六四四年十一月，當史可法走水路抵達鶴鎮時，清兵已攻取宿遷，他立刻帶兵趕到南邊的白洋河，並下令讓總兵官劉肇基火速前來救援。清兵轉而去圍攻邳州，劉肇基在收復宿遷後立即趕去救援邳州，於是邳州解圍。

在此之前，清軍向南進軍的時候，清朝的攝政王多爾袞就給史可法寫信說道：「清政府戰勝了農民軍，在北京建都，這個政權是唯一合法的。南明建國，是坐收漁翁之利，應該將國號去掉。」還說，如果福王能歸順清政府，南明的君臣們都能享受高官厚祿。

史可法並沒有因為清政府的威逼利誘而投敵。在回信中，他嚴厲地斥責了多爾袞，並表示要抵抗清朝到底，堅決不向其屈服，要「鞠躬盡瘁，死而後已」。

清軍兵臨城下後，並沒有馬上攻取城池，而是派降將李遇春去勸史可法投降，屢遭拒絕後，多爾袞仍不死心地連續給他寫了五封信，他沒看就將信給燒了，這時有兩個將領帶著部下背著他投靠了清軍，防守揚州城的力量更加減弱了。

史可法知道軍心已經渙散，揚州難保，但他仍然決定做最後的努力。他傳令召集全體官兵說：「如今軍情十分緊張，淮安已經失守。揚州是江北的關鍵城鎮，如果失守，南京也不能幸免。希望大家能同心協力，晝夜不分地嚴密防守。如果有人膽敢擾亂軍心，必定按照軍法處置。」

史可法下令將整個軍隊分成迎敵、守城、巡查三個部分，隨後他慷慨激昂的對守城的士兵說：「上陣不利，守城；守城不利，巷戰；巷戰不利，短接；短接不利，自盡！」轟動歷史的揚州保衛戰就這樣開始了。

誘降史可法的計策失敗以後，多鐸難以抑制憤怒的情緒。四月二十二日，緊逼揚州城下的清軍，開始用大炮轟擊城牆。史可法下令繼續奮戰，並叫人用沙袋堵住缺口。全城軍民同心協力保衛揚州，英勇抗敵，清軍自入侵關內以來，從來沒有遇到像揚州這樣頑強抵抗的軍民，致使死傷慘重。四月二十五日，多鐸下達總攻揚州的命令，清軍集中火力用大炮轟擊史可法親自守衛的最為險要的揚州西門，將西門炸開了一個缺口，清軍蜂擁而入。

參將許謹和副將莊子固同時抱住因城被攻克而想拔劍自殺的史可法，兩人正準備護其下城時，卻不幸中箭死去。這個時候，許多清兵走來，史可法看到後大聲喊道：「我就是史督師！」清兵立即抓住他，將其送去見多鐸。多鐸看到史可法後，十分恭謹地說：「先生已經為明朝盡忠盡責，現在不知先生願不願意為我大清收復江南？」史可法聽後非常生氣，斥道：「我永遠都是大明臣子，堅決不會做向敵

軍投降的罪人！」多鐸見他仍然不屈服，知道再怎麼誘降都不會成功，便說：「那我便殺了你，成全你忠臣的美名吧！」臨死之前，史可法道：「我的心願就是與揚州城共存亡，但是請你千萬不要殺害這裡無辜的百姓！」

　　史可法為國捐軀，終年四十四歲。

名動九州的奇人們

亦人亦仙的張三豐

在關於張三豐的傳記以及有關他的材料裡，還有全弌、玄玄、三伴、三峰、三豐遯老、通、玄一、邋遢張僊人等諸多名號。可見張三豐的名號有多麼的響亮。在寶雞山中，有一座山峰，叫做三山峰，就是因張三豐而得名，這座山峰挺秀、倉潤、可喜，鬱鬱蔥蔥。從古至今，對於張三豐這個人，無論是他的生辰籍貫，還是其卒年，都備受爭議。大多數人認為他是元朝末年、明朝初年的武當山道士，或者叫全一真人。不過，據道教界推測，其活動時期大約是在元延祐年間到明永樂十五年期間。而且傳說他丰姿魁偉，大耳圓目，鬚髯如戟。不管春夏秋冬，只穿著一衲一蓑，一天一餐，有時候好幾天才吃一頓飯，有時竟會數月不食，大家會問，這樣的人真的存在嗎？其實這還不是最神的，最神的是據說他可以預知未來的一切事情！

張三豐一生都在到處遊玩。有一次，在寶雞金臺觀的時候，曾經死而復活，這一下就更讓人感覺不可思議了，以至於他的徒子徒孫稱他的死而復生為「陽神出遊」。到了明朝初年，張三豐自稱為「大元遺老」。從此以後，他變得更加神秘，飄忽不定，時隱時現，行蹤莫測。

洪武十七年至十八年間，朱元璋曾兩度詔請張三豐入京面聖，但張三豐都避而不見。洪武二十三年，張三豐離開武當山，又開始了他的遊歷生活。洪武二十五年，張三豐進入雲南境內。碰巧這時候他的老友沈萬三得罪了朱元璋，全家都被治罪發配到了雲南。沈萬三在雲南遇到了張三豐，心中萬分高興，談笑之中，不經意間想到了當年那句「日後當於西南會面」的玩笑話，兩人感慨萬千，相談甚歡。永樂

初年，朱棣又派侍讀學士胡廣詔訪張三豐，胡廣並未見到張三豐本人，而且遇到了也是白費。永樂十年，成祖朱棣經過十年，建成了八宮、二觀、三十六庵堂、七十二岩廟等龐大的工程建築。其實張三豐當時就混跡於那些民眾之中，朱棣派人屢次拜訪張三豐都無功而返。永樂十四年，朱棣怒斥胡廣，責怪他連張三豐都找不到，真是飯桶，胡廣嚇破了膽，向皇上保證這次一定會找到張三豐，皇上這才網開一面，決定要他戴罪立功。於是胡廣再次來到武當山請求拜訪張三豐，張三豐謝絕不見。誰想到，胡廣竟然長跪武當祈禱，希望三豐先生能念其誠意應詔回京，張三豐不忍見其因自己受到牽連，對他的誠意也深表感激，胡廣終於見到了張三豐。此時的張三豐年已經是一百六十七歲高壽。

洪武二十四年，朝廷曾經派人尋找張三豐，但是無果而終。永樂年間，成祖派遣使者找尋張三豐的足跡，依然毫無所獲。天順三年，明英宗下詔賜封張三豐為「通微顯化真人」。

清朝雍正初年，有一位汪夢九先生，曾經多次遇到張三豐真人並多次請教。這時候的張三豐已經有一百七十餘歲了。清乾隆十一年，南召縣太山廟鄉口子河裡築有「張三豐故里石碑」，碑上刻有碑文，碑文是草庵遺址。西元一九一七年此地築「張三豐初居此地，而道成於天寶觀」石碑一座。由於張三豐的神名如雷貫耳，明朝皇帝又接連賜予給他三個封號。明英宗賜他為「通微顯化真人」；明憲宗即位後，特封為「韜光尚志真仙」；到了明世宗時期，再封他為「清虛元妙真君」。西元一二五八年，宗教界爆發了中國歷史上規模最大的一次佛道大辯論，結果道教遭到慘敗。從此，道教日漸衰沉。

一個世紀之後，張三豐在武當創立一個新的道派——三豐派，掀起了中國道教發展史上的最後一波高潮，並成為武當武功的創立者。張三豐的一生是一個傳奇。

「全能大儒」王陽明

　　王守仁的諡號為「文成」。王陽明的名字有一個來歷，他小時候曾經跟隨父親遷居到紹興府城。他在余姚陽明洞天蓋了一間草屋，自稱為陽明子，所以就被學者稱為陽明先生，後世的人一般也都稱他為王陽明，他的學說也被世人稱為「陽明學」。

　　王陽明出生在明朝中期，當時政治腐敗、社會動盪不安、學術頹廢，陽明子嘗試靠自己的力量力挽狂瀾，拯救日漸泯滅的人心，於是發明了「身心之學」，宣導良知的教育，讓世間萬物都充滿仁義之心。陽明子不但是宋明心學的集大成之人，而且一生的戰功也是赫赫不菲，所以被稱為「真三不朽」。他的學術思想在中國、日本、朝鮮半島乃至東南亞各個國家甚至對全球都有著重要的影響。

　　王陽明出身於一個書香門第官宦世家，他的遠祖是東晉赫赫有名的大書法家王羲之。他的父親叫王華，成化十七年，參加科舉中了狀元，後來擔任南京吏部尚書。據他們家的《年譜》記載，他出生的前一晚，他的奶奶夢見有人踏雲送來一個小孩，夢醒的時候正好王陽明出生，於是他的爺爺就給他起名叫王雲，同鄉的人也把他出生的地方稱為瑞雲樓。然而，他五歲的時候還不會說話，一天，一位高僧路過他們家，撫摸著他的頭說「是個好孩兒，可惜被道破」，意思是說他的名字「雲」道破了他出生時的秘密。他的爺爺這才恍然大悟，於是就給他改名為守仁，從此後他就開口說話了。當然這個故事帶點神話色彩，但可以從這個故事看出他小時候並不是一個才華橫溢，聲名遠播的奇才。

　　後來他的才華漸漸顯現，他十歲的時候，父親王華高中狀元，王

陽明就跟隨父親進京，路過金山寺的時候，他父親和一群朋友聚會，在酒宴上就有人提議用金山來做詩，當大家還在苦思冥想的時候，十歲的王陽明就已經先一步完成：「金山一點大如拳，打破維揚水底天。醉倚妙高臺上月，玉蕭吹徹洞龍眠。」在座的人無不為之驚歎，接著又讓他做了一首關於蔽月山房的詩，王陽明隨口就誦出：「山近月遠覺月小，便道此山大於月。若人有眼大如天，還見山小月更闊。」詩中的意思是說從不同的角度看事物，所看到的東西也是不一樣的。

　　他十一歲在京師讀書時，詢問塾師「什麼是第一等事？」老師回答說「讀書取得科舉名第」，但是他卻說：「第一等事我覺得不是讀書登第，而應該是讀書學做一名聖賢之人」。雖然他如此說，但是他從小就不讓人放心，在年少時就給家人搗亂，所有的記載都說他從小就「豪邁不羈」。比如他十三歲喪母后，父親又添了一個妻室，但是繼母待他很不好，他竟然會買通巫婆捉弄他的繼母，使得她自此以後都善待他。他的學習並不是十分用功，而且常常領導同伴做一些軍事遊戲。年輕時他就喜歡到處遊玩還曾經出遊邊關，去練習騎馬和射箭，他非常喜歡看各種兵法秘笈，有時遇到賓客就常用果核擺列陣法作為遊戲。

　　王守仁從小就聰明，而且非常好學，他所看的書並不僅僅局限於四書五經，還包括其它書籍。他的思想也比較怪癖，不同於一般人，以至於很多私塾先生都很難理解他。有一首他所做的打油詩就很能說明他的這種不為人所理解的思想：

　　山近月遠覺月小，便道此山大於月。
　　若人有眼大如天，當見山高月更闊。

　　根據考證，作這首詩時的王守仁，只有十歲，這首詩就叫做〈蔽月山房〉，是王守仁做的第一首流傳千古的詩作。

　　他常常以諸葛亮來自喻，決心要成就一番大事業。從此以後就刻苦學習，學業大有長進。騎馬、射箭、兵法，日漸樣樣精通，成為名副其實的全能大儒。明朝弘治十二年，他考取進士，被授予兵部主事官職。當時，朝廷上下都知道他是一個博學多才的人，但是有才之人也必會引來妒忌，擔任提督軍務的太監張忠就因為王守仁以文舉考試擔任兵部主事，因此看不起王守仁。有一次竟然強制命令王守仁當眾射箭，本來想以此來讓王守仁出醜。王守仁一再推辭，張忠堅決不允許。王守仁不得不提起弓箭，然後拉彎弓，結果刷刷刷的三箭，三箭全射中紅心，全軍上下歡呼不已，張忠感到十分尷尬。王守仁一共擔任了三年的兵部主事，因為反對大宦官劉瑾，在明正德元年被打了四十廷杖，然後被貶到貴州龍場做驛丞。前往龍場的途中他歷經波折，最後終於成功逃脫了錦衣衛的追殺，安全到達龍場悟道。等到劉瑾被誅殺後，王守仁擔任廬陵縣的知事，後來又升任南太僕寺少卿。當時，王瓊擔任兵部尚書，認為王守仁有治世之才，於是就向朝廷薦舉了他。正德十一年，他又擔任擢右僉都御史，然後又擔任了南贛巡撫。他上馬可以治軍定國安邦，下馬可以穩定政治，作為文官卻掌握兵符，集文韜武略於一身，做事聰明機智，用兵如神。他因為鎮壓農民起義和成功平定「宸濠之亂」而被晉升為南京兵部尚書，又被封為「新建伯」。後來因為功高而遭受妒忌，他於是就辭官歸鄉講學，在紹興和餘姚一帶創建書院，進行「王學」的宣傳。

　　嘉靖六年又被委派擔任總督兩廣軍事，後來因為肺病加重，就上書請辭，在西元一五二九年一月九日死在江西南安的舟上。

《本草綱目》的作者李時珍

　　西元一五一八年，李時珍出生在一個行醫世家。李時珍的父親名叫李月池，是當地有名的大夫，李月池醫德高尚，一直以來都是懸壺濟世，造福百姓，百姓對他也是敬仰萬分，奉為在世華佗。幼年的李時珍因為受到父親的薰陶，對於草木蟲魚就頗有興趣，時常研究，樂此不疲。父親看在眼裡，苦在心裡。在李月池看來，李時珍不應該只做一個赤腳醫生，他應該參加科舉考試，走仕途之路，光耀門楣。而李時珍卻不這樣想，他從小就下定決心將來要和父親一樣做個醫術高明、救死扶傷的好大夫。

　　但是為了實現父親的願望，孝順懂事的李時珍依照父親的囑託，用功讀書，僅僅十四歲就考中了秀才，李月池高興極了，認為自己的心願終於可以達成了。但是天不遂人願，李時珍在以後連續三次的舉人考試中，都名落孫山。李月池失望了，眼見父親日夜睡不安穩，日漸消瘦，李時珍傷心極了。但是他並沒有忘記自己最初的夢想，於是極力懇求父親讓他學醫。為此，他還特意寫詩明志：「身如逆流船，心比鐵石堅。望父全兒志，至死不怕難。」這就足見他行醫的毅力與決心。父親看到他這樣堅決，就答應了他的要求。

　　從此，李時珍刻苦鑽研醫學，遇到不懂的問題就和父親探討，醫術日漸高明。李時珍三十歲的時候，就成為了當地頗有名望的醫生。當時，煉丹服丹成為一種惡俗，導致國家及個人財力、物力都受到巨大的損失。李時珍不顧及個人的安危，對方士的言行據理力爭、厭惡至極。

　　在行醫的實踐過程中，李時珍對歷代的醫藥書籍都進行了深入地

閱讀和研究，比如《神農本草經》、《本草經集注》、《唐本草》、《開寶本草》等，李時珍汲取它們的精華所在。與此同時，他也發現了許多舊「本草」與事實並不是特別相符，而且分類很混亂。行醫多年的他深深知道，如果病人誤食藥物，後果非常的嚴重。於是他便下定決心要對那些舊的藥書進行整理補充，然後再寫出一部更加詳細準確的藥物學著作。為此，只要是和「本草」有關的醫書，李時珍都要拿來細細研究，這種細心的程度實在讓人感慨萬千。日復一日，年復一年，李時珍閱讀的藥書達到八百多種，只是摘錄的筆記，就裝了好幾箱子。

西元一五二二年，李時珍開始給《本草綱目》確定名目和體例，隨著編寫的逐漸深入，困難也就多了起來。其中有許多藥物的形狀及其生長情況在前人的書籍裡記載得模糊不清。他越來越察覺到，僅僅靠書本知識遠遠不夠，唯有親自深入民間去採制標本，進行考察和研究才能從根本上解決問題。於是，他走向山間地頭，虛心向老農、漁民、獵人、藥農請教，而且對每一種藥物、動物和礦物都親力親為，為了確定藥物的藥性、藥力，還親自進行嘗試。幾年的時間裡，他瞭解了許多寶貴的藥理知識，這為《本草綱目》的編寫打下了堅實的基礎。

西元一五五六年，朝廷需要招任一批太醫，禮部則命令各地選舉醫術高明的大夫集聚北京，毫無懸念，李時珍被推薦到了太醫院。對於李時珍來說，太醫院藏書豐富，能在太醫院裡飽覽皇家藥物典籍再好不過了。不僅如此，李時珍還見到了許多稀有的藥物標本，受益良多。

為了造福後人，李時珍幾次向朝廷要求，希望朝廷支持他編修《本草》一書，李時珍的這一舉動，遭到了很多太醫的譏諷，在背後說他「擅動古人經典，狂妄至極」。太醫院裡的氣氛讓李時珍喘不過

氣來，還不到一年，李時珍就憤然辭去太醫職務，回到了湖北老家，從此以後，他把全部精力都放在了《本草綱目》的編寫工作中，甚至到了廢寢忘食的地步。與此同時，李時珍還和從前一樣，搜羅百事，採訪四方。

西元一五六五年以後，李時珍的足跡遍佈大江南北。其中有好幾次，為了徹底弄清藥物藥性及功效，李時珍親自品嘗，差點中毒身亡。經過了二十七年的辛苦耕耘，三次易稿，西元一五七八年，醫學名著《本草綱目》終於編寫完成了。其規模宏大，內容豐富，範圍廣博，是中國古代任何一部「本草」書所不能及的。

西元一五九三年秋天，李時珍去世，葬在蘄州雨湖南岸的蟹子地。在他去世的三年後，《本草綱目》在金陵刊行，即刻受到百姓的廣泛歡迎，甚至被醫家視為經典。後來，隨著中外文化的不斷交流和發展，《本草綱目》逐漸被英、俄、日、法、德等多國翻譯，流傳到了世界各國。

李時珍為醫學貢獻了自己的一生，這種精神是值得後人稱讚的。特別是他所著的《本草綱目》一書，沿用至今，甚至被西方人稱作東方醫學巨著。

名師大家徐光啟

　　徐光啟在一個商人兼小地主的家庭中長大，他出生的時候，家境開始衰落。徐光啟自幼便乖巧懂事，聰敏好學，而且胸懷大志。七歲的時候，父親就將徐光啟送到黃浦江西讀書。讀書時，他總喜歡一個人登上塔頂，對自己說：「與鵲爭處，俯而喜。」然後一個人默默沉思。徐光啟懂事極了，在抓緊時間讀書的同時，還不忘記幫助父親做一些力所能及的農活兒。

　　十幾年的辛苦努力沒有白費，萬曆九年，二十歲的徐光啟不負父母所望考中秀才。同一年，又與吳氏成婚，婚後家庭和睦，其樂融融。為了維持生計，補貼家用，徐光啟任先生教孩子們讀書，一教就是十幾年。一五九四年，徐光啟受到邀請到廣東教書，不久，又到廣西潯州任教。平日裡就喜歡研究水利的徐光啟，對水利方面有著自己獨特的看法。這幾年遊歷於兩廣之間，使徐光啟瞭解到大量有關於農業、水利和民俗方面的知識，這讓他受益匪淺。更重要的是，徐光啟知道了世界上原來還存在歐洲這樣一個科技發達的地方，使他接觸到了前所未聞的西方文化。西元一六〇〇年，徐光啟在南京有幸結識了意大利的著名傳教士──利瑪竇。徐光啟得知利瑪竇三十一歲的時候到中國傳教，徐光啟還瞭解到廣博的西方科技知識，這激發了徐光啟翻譯西方科技書籍的想法，而學習西方科技知識也成為徐光啟畢生的願望。徐光啟與利瑪竇的交流是中西文化史上一次偉大的交流，對中西文化的發展影響深遠。

　　萬曆三十二年，徐光啟進士及第終於圓了他的仕途之夢。也是在這段時間裡，他有機會廣泛地接觸社會，學習新知，磨礪思想。慢慢

地，徐光啟在科學探究方面早已超越了同時代的中國人。崇禎五年，皇帝任命他為禮部尚書兼東閣大學士，崇禎六年又兼任文淵閣大學士。

西元一六〇六年，徐光啟與利瑪竇再次合作，翻譯了歐幾里得的《幾何原本》，《幾何原本》的誕生打破了中國幾千年的傳統數學體系，為數學的證明方法開創了一個新的里程碑，這本書被梁啟超譽為「字字精金美玉，為千古不朽之作」。《幾何原本》作為中國第一部系統地引進外國幾何學的科學著作，到清末成為了全國的中學教材，充實了數學研究的內容。除此之外，他還撰寫了《九章算法》、《讀書算》、《定法平方算術》等一系列著作，為中國的近代數學科學方法的研究打下了堅實的基礎。

因為徐光啟重孝，父親死後，徐光啟堅決要為父親守孝。在守孝期間，他結合自己的實際經驗，全面總結了當時農業生產與農學研究的得與失，撰寫了《甘薯疏》、《北耕令》、《吉貝（木棉）書》、《蕪菁疏》等一系列著作。在徐光啟看來，農業是「生民率育之源，國家富強之本」。為了使自己的理論與實踐結合起來，徐光啟開始了農學巨著《農政全書》的編寫。為了使南糧北調的方案得到落實，節省長途運輸費用，徐光啟在天津的時候，曾主張興修水利，同時大力推廣小麥以及水稻的種植，最終實現了南糧北調。

崇禎即位後，徐光啟再次得到重用，官至宰相。在長期的農業試驗及研究的基礎之上，徐光啟總結了許多關於農學方面的經驗，提出了自己的見解。在西元一六二八年，他終於完成了《農政全書》的編著工作。該書第一次完整系統地寫下了蝗蟲的習性和生活過程，並且對症下藥，他還提出了一些有效的治蝗方案，一直沿襲至今。

西元一六二九年，徐光啟推測出將會有日食，而且算出了日食發生的準確時間，崇禎聽了十分高興，命徐光啟負責曆法修改工作。徐

光啟也曾多次組織人員對天文進行觀測，獲得了大量的第一手資料，這些資料保證了新曆法的科學準確性。同時，他根據觀測的結果，繪製了在當時來說最完備、最精確的星表及星圖，這一星圖是中國最早包括南極天區的全天星圖。接下來，徐光啟又翻譯了許多西方天文學著作，比如《測天約說》、《測量全義》等。此外，他還編著了《平渾圖說》、《日晷圖說》、《簡平儀說》等巨著。

西元一六三三年，徐光啟勞碌成疾，一病不起，不久辭世。他當時正在編著的《崇禎曆書》也因此被擱淺，直到西元一六三五年，《崇禎曆書》才被修訂完畢。《崇禎曆書》對中國古代曆法的成果進行了總結，同時吸收了大量的西方天文學的先進科學知識，使中國的天文學走上了與世界天文學並軌的道路。

徐光啟，中國古代最偉大的科學家之一，他用一生精力撰寫了一系列巨著，推進了中國科學的發展，編譯歐洲的自然科學，同時引進了西方國家先進的數學、曆法、水利等科學技術，是近代西學的先驅，架起了中西文化交流的橋樑，值得後人敬仰。

旅行家徐霞客

　　徐霞客生在一個官僚地主家庭，自幼生活比較安逸。父親徐有勉雖身在官場，但是淡泊名利，將功名利祿視如糞土，寄情山水之中，用畢生精力遊覽祖國大好山河，從小受父親的薰陶，徐霞客的心靈受到很大的觸動。徐霞客從小就非常聰明，勤學好問，博覽群書，對歷史、地理方面的書籍更是情有獨鍾。上學期間，他經常背著老師偷偷把歷史或者地理書放在經書下面偷看，看得入神時還會皺著眉頭表示心中的不滿，因為他漸漸發現那些古人的書雖對疆域沿革、建制風俗等記載得頗為詳細，但是對山川河流等卻少有描寫和記錄。因此，徐霞客便暗暗下定決心要彌補書籍上的缺憾。由於徐有勉厭惡官場的黑暗及官僚們的醜惡嘴臉，很少參與政事，就有了更多時間做自己想做的事了，有時候他也會帶著徐霞客去各地遊玩，這也使得年紀輕輕的徐霞客雖然滿腹經綸，學識淵博，卻無意科舉，反而在父親的影響下，對旅遊產生了深厚的興趣。

　　由於徐霞客對做官不感興趣，再加上明朝末年政治黑暗，貪官橫行，朝廷被弄得烏煙瘴氣，這使他更加堅定了自己的信念。西元一六〇八年，年僅二十二歲的徐霞客決意外出遊歷，遊覽祖國的大好河山。當時的徐霞客腦袋裡只有一個念頭，就是「窮九州內外，探奇測幽」。因為母親身體不好，徐霞客一直猶豫不決，遲遲沒有遠行。知子莫若母，徐霞客的母親很支持徐霞客的志願，並鼓勵他要努力實現自己的夢想，這也是作為母親最大的心願。聽了母親的一番話之後，徐霞客眼含淚水，身背行裝，告別母親，獨自一人踏上了遊學的行程。

　　經過三十多年的野外生活，從二十二歲到五十六歲，徐霞客接連外出考察總計十六次。他的足跡遍佈大江南北，從現今的江蘇、浙江、山東、河北、河南、山西、安徽、陝西、江西到湖北、湖南、廣東、廣西、福建、貴州、雲南，一共遊歷十六個省，泰山、天台山、黃山、大渡河、金沙江、瀾滄江等名山大川更是舉不勝舉，可謂是「飽嘗河山美，收盡天下奇」。在此過程中，他還將途中的所見所聞一一記錄在冊。

　　經過三十四年的遊記生活，徐霞客不僅是遊山玩水，更經歷了無數的艱險、病痛、斷糧、遇盜，甚至有幾次差點丟了性命，即使如此，他始終沒有動搖自己的理想。

　　徐霞客不但擁有過人的膽識，智慧也是非常人所能及的。他在桂林七星岩曾經獨自一人智鬥老虎，把老虎馴服，如果在今天，徐霞客一定是一個很棒的馴獸師。

　　徐霞客遊歷三十多年，每到一處，他都會堅持把當日的經歷和觀察到的人文現象全部記錄下來。不管白天走了多少路，多麼勞累，只要是眼睛還能睜開，手還能寫，他都會一絲不苟地將考察的情況記錄下來。然後，把這些資料進行整理，去粗存精，進而分析推斷出大自然的發展規律，為近代地理科學開闢出了一條認識自然的全新道路。

　　由於長時間奔波勞苦、風餐露宿、艱辛跋涉，五十一歲的時候，徐霞客在他最後一次遊歷中，同時也是為期最長的一次雲南旅行中，一病不起。但即使是在患病期間，他依然沒有忘記把從野外採回來的標本擺放在病床前進行深入研究，利用自己最後的一點時間精心整理自己的記錄，一直到病逝。

　　《徐霞客遊記》以日記的形式詳細地記載了徐霞客三十年旅行生涯中的見聞，共六十多萬字，是中國最早的一部優秀地理著作，也是中國第一部野外考察記錄，文學與科學價值並存，對現代科學的研究

有很大的貢獻，是世界上最早的記述岩溶地貌的寶貴資料，被譽為
「千古奇書」。

《天工開物》的編著者宋應星

　　宋應星在萬曆四十三年也就是他二十八歲的時候考中了舉人，但是以後五次進京會試全部失敗而歸。雖然考試失敗了，但是他並沒有灰心喪氣，五次的進京跋涉，也使他的見聞得到增長，他曾經說過：「只要走到外面去，有什麼是你不可以知道的事」。於是他遍訪田間作坊，查到了到許多關於生產的知識。他非常鄙視那些只知道享樂而不知珍惜的「紈絝子弟」和「經士之家」的作風。在他擔任江西分宜縣的教諭時，即在西元一六三八至一六五四年間寫成了著名的科學巨著《天工開物》。他在〈序〉中描寫這段情況時說：「想要去驗知真偽但是沒有錢，想要和志同道合的人探討一下但是沒有場所」只能「對燈奮筆疾書」，日夜忙於寫書。終於在西元一六三四年編著完《天工開物》一書，並且在崇禎十年在市場上刊行。然後，他又到福建汀州擔任推官，後又改任亳州（今安徽省亳州）知府。宋應星一生講求實學實幹，反對士大夫們輕視生產的態度。他對辛苦的勞動人民懷有非常深的同情之心，對於官府壓榨人民的行為深為不滿。

　　崇禎十一年，宋應星在分宜的任期圓滿完成，考核位列優等，後來升任為福建汀州府推官，位居正八品，是省觀察使直接管轄的屬官，負責掌管一府刑獄，俗稱為刑廳，也被稱為司理。但是他任期未滿，便辭官歸鄉了，後又在崇禎十六年出任南直隸鳳陽府亳州知州，位居正五品，宋應星官位節節高升，然而此時已是明亡前夕。宋應星到任後，州內因為戰亂遭到破壞，連簡單升堂的地方都沒有，官員大部分都走了。經過他的多番努力重建，又使辦公場所有所恢復，後來又捐資在城內建立了一所書院。崇禎十七年初期，宋應星又辭官回到

了家鄉。當年的三月份，李自成率領大軍攻佔了京師，明朝宣告滅亡。四月份，清兵入關，定都北京，宋應星也就成為了亡國之民。

同年五月份，福王在南京建立南明政權，改元弘光。南明建立後，宋應星被舉薦為滁和兵巡道和南瑞兵巡道，但宋應星並沒有接受。明亡以前，宋應星就已經升任廣州知府，明亡後再沒有出仕為官的意願。

南明建立初期，宋應星弟兄本想寄希望在南明，但是南明政權腐敗，由閹黨奸臣阮大鋮、馬士英把持，排斥忠良，政權很快便滅亡了。後來清兵南下攻佔了江西。清朝建立以後，宋應星一直過著與世隔絕的隱居生活，在貧困潦倒中度過了晚年，拒不出仕為官。宋應星有兩個兒子，大兒子叫士慧，字為靜生，小兒子叫士意，字為誠生，二人都非常有文采，世人稱為「雙玉」。宋應星在生前教導自己的子孫，一不要參加科舉，二不要入仕為官，子孫全部都遵從父親的遺訓，在家鄉安心讀書耕地。一直到清朝嘉慶年間，他的子孫後代都成為了安居樂業的農民。

宋應星的科學巨著《天工開物》的名字來自《易・繫辭》中「天工人其代之」及「開物成務」，選用天工開物這四個字，是為了借助「巧奪天工」和「開物成務」兩句古成語所表達的意思，前一個成語的意思是，人們可以憑藉自己的聰明智慧和精湛的技藝,生產出超越天然形成的精美對象；後一個成語的意思是，如果人類能夠掌握事物的發展規律，就能辦成以前很難完成的事情。那麼，這四個字合在一起就是：只要提高和豐富自己的專業知識技能，遵循自然事物發展生長的規律，辛勤的勞動，就可以生產出生活所必需的各種物品，他們的精美程度勝過天然。

《天工開物》全書詳細描述了各種各樣的農作物和工業原料的產地、種類、工藝裝備和生產技術以及很多關於生產組織的經驗，既存

在大量確切的資料記載,又在書中繪製了一百二十三幅插圖,讓人一目了然。全書分為上、中、下三卷,後又細分了十八卷。上卷主要記載了穀物和豆麻的種植和加工方法,蠶絲和棉苧的紡織以及染色技術,還有製鹽、製糖的工藝。中卷主要內容是磚瓦、陶瓷的製作工藝,車船的製造,金屬的冶煉,硫黃、石灰、煤炭、白礬的開採和燒製,以及榨油和造紙方法等。下卷主要記述了金屬礦物的開採和冶煉過程,兵器的鍛造,顏料和酒麴的生產,以及珠玉器的採集加工等。

中國古代的大量物理知識大部分都體現在了記錄各種技術的一些書籍中,《天工開物》也不例外。如在船舵、提水工具(筒車、水灘、風車)、灌鋼、失蠟鑄造、泥型鑄釜、鹽井中的吸鹵器(唧筒)、排除煤礦瓦斯方法、熔融、提取法等中都有許多關於力學、熱學等的物理知識。此外,在著作《論氣》中,宋應星更是深刻闡述了發聲的原因及波,他甚至還指出太陽也是在不斷變化的。在當時各種條件不發達的情況下,宋應星能提出這麼多的理論十分難得。他的工作為後世的科學研究奠定了堅實的基礎。

這位偉大的科學巨著的作者生於晚期的明朝,大約死於康熙五年,一共經歷了兩個王朝的變遷,享年八十歲。

航泰始祖萬戶

　　憲宗成化十九年,萬戶出生於一個富裕的家庭。萬戶自小機敏可愛,熱愛讀書。他雖然熟讀詩書,學識淵博,但是對官場上的事情卻提不起興趣,所以沒有參加科舉考試。雖說萬戶無心官場,但是對科學卻是異常的喜愛。最令他感興趣的還是古人發明的火藥和火箭。萬戶經常幻想著有一天可以實現他的夢想,就是憑藉火箭火藥的巨大推力,將人送上太空,可以用肉眼觀察高空的萬千景象。

　　萬戶雖然志向遠大,喜歡鑽研技巧,但是由於當時的條件有限,還不能夠實現他多年的願望。為了效忠國家,他選擇了從軍。從軍之後,萬戶利用自己所長,改進了很多刀槍車船。在同瓦剌的多次戰事中屢建奇功,萬戶的才幹受到班背的賞識,經過多次交談,兩人志趣相投,相見恨晚。班背生性耿直,不喜歡阿諛奉承,趨炎附勢,因而得罪了右中郎李廣太等人,被革職查辦,並幽禁在拒馬河上游的深山鬼谷中,萬戶也因此受到牽連。

　　朱元璋死後,朱棣篡位。朱元璋生前一直對朱棣心生忌憚,不喜歡這個老四,而為了實現自己的皇帝夢,朱棣一方面網羅黨羽,擴充兵力;另一方面搜羅各種技藝,獻給朱元璋,希望可以博得朱元璋的歡心。李廣太投燕王所好,知曉萬戶曾經與班背一起造飛鳥,便對萬戶威逼利誘,軟硬兼施,想要利用他為朱元璋製造飛龍。萬戶表面上答應了,實際上是想趁機營救班背,憑藉二人之力共同完成飛天的夙願。

　　萬戶偷偷地去鬼谷同班背會合,但還是晚了一步,李廣太暗中給瓦剌軍報信,班背被瓦剌軍刺死了。萬戶心灰意冷,仰天長嘯,難道

飛天就再也不能實現了嗎？但是天無絕人之路，好在班背見勢不妙，命令自己的僕人帶著他的《火箭書》拼死衝了出去。把它交到了萬戶的手中，也就是從那時起，萬戶便下定決心，一定要造出飛鳥，實現班背的遺願。從此以後，他廢寢忘食，苦心鑽研，精心閱讀了班背的《火箭書》，製造出來各種各樣的火箭，然後畫出飛鳥的圖形，眾匠人按圖製造飛鳥。

一天，萬戶手拿兩個大風箏，蹲坐在一輛蛇形飛車上，這輛車上捆綁著四十七支火箭。一切準備就緒之後，他就下令讓他的僕人用火把點燃第一排火箭。

僕人手裡拿著火把，走到萬戶面前，心生怯意，雙手微微顫抖，僕人心情沉痛地說道：「我心裡好怕呀，主人。」

萬戶問道：「你怕什麼？」

僕人說：「如果飛天不能成功，主人的性命恐怕就不保了。」

萬戶不禁仰天大笑，說道：「我中華千年之夙願就是飛天。縱然我今天粉身碎骨，血濺天疆，也不會後悔今天的嘗試，我也要為後人闖出一條探天的路徑。你們不要害怕，趕快點火吧！」

僕人們知道任何人都不可能改變主人今日的決定，只好服從命令，雙手高舉熊熊燃燒的火把，緩緩地點燃了第一排火箭。

這時，只聽見「轟！」的一聲巨響，飛車的周圍便濃煙滾滾，烈焰翻騰，照亮天際。頃刻之間，飛車離開了地面，飛速地升向半空中。

地面的人見到這種情形，不禁拍手叫好，歡呼雀躍，但是出人意料的是，第一排火箭自行點燃了第二排火箭，人們被嚇呆了。突然，橫空一聲爆響。頃刻間，空中的蛇形飛車變成了一個大火球，萬戶從熊熊燃燒的飛車上面跌落下來，他的手裡依然緊緊地握著兩支已經燒得面目全非的巨大風箏，狠狠地摔在了萬家山上。

為了紀念萬戶，讓他的事蹟流傳萬世，繼續飛天事業的夢想，國際天文學聯合會將月球上的一座環形山稱作「萬戶山」。

萬戶是一位偉大的英雄，他的這次飛天不僅是中國也是世界上第一次利用火箭飛向太空的嘗試。雖然他的努力失敗了，但利用火箭推力升空的創舉卻堪稱世界第一，因此萬戶被世界肯定，稱他為「真正的航泰始祖」。

榮輝後世的文人們

歷史的記錄者解縉

建文元年，建文帝朱允炆在執掌政權之後，便開始推行削藩政策。燕王朱棣不甘心就此失去權勢而起兵反叛，發動了「靖難之役」。這場戰爭歷時四年，包括大小百餘戰。建文四年，建文帝的軍隊被打敗，燕王朱棣率領部隊進入京師。解縉原本在建文帝手下做事，但是卻一直不得重用，後來，他轉而投向了永樂帝朱棣。他堅信自己是一個有用之才，而朱棣就是他所要尋找的可以讓他施展才幹的伯樂。

在朱棣即將進入京城的前一天晚上，解縉與他的同鄉胡廣、王艮、李貫三人聚集在吳溥的家中，商議著投降朱棣的事情。

當晚商議之後，解縉連夜趕到燕軍的大營。那個時候，朱棣正在擔心建文遺臣們不肯歸順自己，聽到解縉，這個名滿天下的大才子前來投奔自己，非常高興。第二天，在解縉的勸說下，胡廣與李貫也都歸順了朱棣。

在當時的封建社會中，解縉的歸降是一件非常可恥的事情，但是，解縉卻不管這些，他在建文帝那裡受夠了冷落之苦，只希望能夠得到這個新主的賞識，好讓他施展自己的才華。

很快，解縉如願以償地得到了朱棣的賞識。朱棣讓他負責起草〈登極詔〉。〈登極詔〉原本是讓明初另一位著名的才子方孝孺草擬的，但是，方孝孺忠於建文帝，寧死不願意草詔。解縉接到這份任務之後，覺得這是一個他表現才華的機會，於是，非常用心地寫出了〈登極詔〉。

對於這篇〈登極詔〉，朱棣非常滿意。詔書中狠狠地指責了建文

帝「崇信奸回，改更成憲，戕害諸王」，同時，又講到援「祖訓」，起兵「靖難」，屢戰屢勝，以及想要效仿周公輔佐成王的故事，只因為建文帝自焚而死，又迫於眾人議論，再三拒絕，現在才勉強登上王位。隨後，便列出了大赦釋免、安民給賞等一系列條款。這就是所謂的「稱旨」的詔書。朱棣稱帝之後，改元永樂，是為永樂帝。

解縉主動迎附與草詔二事都贏得了永樂帝的歡心，得到了皇帝的寵信，開始了他光輝燦爛的仕途。

解縉歸降永樂帝的第二個月，便從九品一下變成正六品，其官職由翰林待詔升任為本院侍讀。

八月份，解縉被升為文淵閣大學士，參與機務。有一次，永樂帝對別人這樣說道：「天下不可一日無我，我則不可一日少解縉。」由此可見永樂帝對解縉的重視程度。

沒過多久，永樂帝又賜給解縉一襲金織羅衣，從此，解縉正式成為了永樂帝最重要的內閣大臣之一。

同年中秋，永樂帝將解縉等人召來，讓他們查閱一遍建文帝在位時，群臣所上的「封事」，將涉及「靖難」削藩之事的全部焚毀，避免群臣疑慮。

晚上，永樂帝在宮中大擺筵席，與近臣們一起賞月。沒想到，濃雲掩月，這讓大家有些掃興。解縉當即作詞一首：嫦娥面，今夜圓，下雲簾，不著臣見。拼今宵倚闌不去眠，看誰過廣寒宮殿。

這首詞並沒有什麼新奇，但是，永樂帝卻對那股不甘甘休的勁頭很是讚賞。於是，永樂帝又讓他作長歌助興。夜半，濃雲逐漸消散，明月高掛空中，永樂帝高興地說道：「才子！真是大才子啊！」這個時候，他們君臣之間的關係已經處得十分融洽了。

永樂元年七月，永樂帝懷著勃勃的雄心，想要將中國古代典籍儘量收集齊全，於是，他下詔編纂一部類書，並將此類書命名為《永樂

大典》。永樂帝將這項任務交給瞭解縉，任命他為《永樂大典》的總編。對於文人而言，這是非常光榮的事。隔著朝代修著歷史，盛世出書，這薪火相傳的重任，在中國歷代知識分子看來都屬於極其神聖的職責，因此，這次大任很好地奠定瞭解縉學界泰斗、文壇鉅子的地位。

永樂二年十一月，解縉把編纂好的圖書進呈永樂帝。但是，永樂帝卻發現這與他的要求有很大的差別，主要是還有許多典籍沒有收錄進來。於是永樂帝決定重新編修，並且，讓靖難功臣，比如，姚廣孝、刑部侍郎劉季箎等也參與到其中，前後參與編修者將近三千多人。永樂帝非常重視這件事情，命令大家在文淵閣開館修書，早晚的膳食由光祿寺供給。永樂帝看到文淵閣中的書籍尚且不是很完備，就命令禮部選派通曉典籍的官吏四出購求典籍。

在永樂帝的關心與支持下，《永樂大典》歷經五年的編撰，終於在永樂五年十一月完成。《永樂大典》共有二萬二千八百八十七卷，又凡例、目錄六十卷，全書分裝為一萬一千零九十五冊，內容包括經、史、子、集、百家、天文、地志、陰陽、醫、卜、僧、道、戲劇、小說、技藝等方面的內容。該書所引用書籍達七八千種，字數有三億七千萬還多，其規模之大，在歷史上無與倫比。它比法國狄德羅主編的《百科全書》要早三百餘年，字數約是《百科全書》的十二倍。在編撰的時候，他們旁徵博引，在很短的時間內，就彙集了從先秦到明初的著作，經史子集等沒有一個不分門別類的。最可貴的是《永樂大典》在編輯各類材料的時候，都按照原書整部、整篇、整段地收入，沒有修改一個字，這使得許多古籍得到了很好的保存。

《永樂大典》是中國歷史上一部非常珍貴的歷史文獻，是中國歷史文化中輝煌燦爛的一筆，是彙聚中國古代文化成果的寶庫。《永樂大典》之所以能夠問世，離不開解縉等人的辛勤勞動，此書也是他們

聰明才智的集中體現。

解縉在擔任《永樂大典》總編一職的同時，又受命重修《太祖實錄》。這一次，解縉表現得非常慎重，在書成之後，將所有的草稿都焚毀了，以免日後引來麻煩。解縉的作為與當時的政治形勢有著很大的關係，在追殺建文遺臣的恐怖氣氛中，史官必須審慎行事，一不小心，就可能給自己招來殺身之禍。解縉雖然很有個性，但經過了多年政治生涯的磨練，他也慢慢地懂得該如何保護自己了。

這次改修實錄的主要任務是去掉其中涉及永樂帝奪位忌諱的地方，並不是真正的重修。永樂六年，也就是西元一四〇八年六月，解縉將修完的書上呈給永樂帝，永樂帝閱讀之後非常滿意。

江南第一才子唐伯虎

自從馮夢龍的「唐解元一笑姻緣」的小說問世之後，不少民間藝人對其進行大肆的渲染，這使得唐伯虎點秋香的故事在民間廣為流傳，讓唐伯虎成為了中國老百姓心目中風流倜儻、才華橫溢的大才子。在很多民間傳說中，都把唐伯虎描寫成腰纏萬貫家財、身邊妻妾成群、行為荒唐風流的大富豪。

其實，這只是為了增加趣味性而大大地歪曲了唐伯虎的本來面目。歷史上的唐伯虎，不但沒有傳說中的那些風流韻事，而且生活得十分清貧，並且坎坷磨難陪伴了他一生。要想瞭解這位「風流才子」的真實人生，我們還得從頭說起。

隨著一陣呱呱墜地的啼哭聲，一個不平凡的小生命降生了，他就是日後享譽畫壇的大才子唐伯虎。因為他出生在寅年寅時，所以，家人便為他取名為「寅」，又因為寅指的是虎，因此，取字伯虎，後來，改字為子畏。

他的父親唐廣德，是一家名為唐記酒店的老闆，所以，全家人的生活過得還算不錯。唐伯虎自幼聰明伶俐，能詩善畫，十六歲便考中了秀才。正當他意氣風發的時候，父親因為突發中風而過世，母親也因為太過悲傷，沒多久就隨父親去了，後來，他又驚聞自己的妹妹在夫家也因故去世了。這接二連三的打擊，使他意志消沉，整日渾渾噩噩。後來，在其好友祝枝山、文徵明等的鼓勵下，他下定決心重拾古文，發憤苦讀。

弘治年間，唐伯虎考中應天府（今南京）鄉試第一名——解元，一時間名聲大振，他也自詡為「江南第一才子」。很可惜，好景不

長，在第二年的會試中，唐伯虎由於受到科舉舞弊案的牽連，吃了一連串冤枉官司，從此之後，科舉無門，功名路算是徹底斷了。

　　唐伯虎功名無望，婚姻也在此時出現了變故。他的第一位夫人姓徐，出身豪門，但非常勢利。嫁給唐伯虎原本是因為其才華出眾，家世也還說得過去，一心想著唐伯虎能夠金榜題名，青雲直上，這樣，夫貴妻榮，她也就可以享受榮華富貴了。

　　沒想到，唐伯虎卻因為科場舞弊的牽連，仕途失去了希望。她心想：唐伯虎父母去世，家道中落也就算了，現在連功名仕途也沒有希望了，那我跟著他豈不是要吃盡苦頭。她越想越生氣，天天與唐伯虎爭吵，最終，勞燕分飛，妻子帶著細軟回娘家了。

　　後來，唐伯虎在一家青樓中認識了官妓沈九娘。沈九娘十分敬重這位才子，為了使唐伯虎能夠有一個良好的繪畫環境，她把自己的梳妝閣收拾乾淨，讓唐伯虎靜心作畫。唐伯虎作畫的時候，九娘都會陪伴在他身邊，為他洗硯、調色、鋪紙。唐伯虎有了九娘的悉心照顧，畫藝愈見精深。他所畫的美人圖，大多都是從九娘身上體會到的風姿神采。九娘見唐伯虎從來不把她當做官妓看待，就愈發敬重他了。就這樣，天長日久，兩人產生了感情，結成了夫妻。兩年之後，九娘為唐伯虎生了個女兒，取名桃笙。

　　西元一五九〇年，蘇州發生水災。唐伯虎以賣畫為生，但是隨著天災的發生，生活也變得更加艱難，有時候甚至連日常所食之米都沒有著落。一家人的生活只能依靠九娘苦心支撐著。由於操勞過度，九娘病倒了。唐伯虎急忙為九娘請來醫生，而醫生診斷之後卻告訴唐伯虎，九娘已經病入膏肓。唐伯虎盡心盡力服侍九娘，再也無心吟詩作畫。西元一五一二年冬至前，九娘緊緊地握著唐伯虎的手，說道：「承蒙你不嫌棄我，娶我做你的妻子，我本想盡心盡力打理好家務，讓你專心於詩畫，成為一代大家。然而，我命薄，無福、無壽更無

能。現在，我快要死了，我只希望你日後能夠照顧好自己。」聽了這番話，唐伯虎禁不住淚如雨下。沈九娘死後，唐伯虎再也沒有續娶。

　　科舉失敗，婚姻不幸，給了唐伯虎極大的打擊。從此，他便漫遊大江南北，訪遍各地的名山大川，潛心於書畫創作，最後，終於成為了一代大家，取得了極高的藝術成就。

　　在蘇州的大街小巷流傳著唐伯虎的很多故事。據說，唐伯虎的一位好友，向唐伯虎索得一幅畫，畫的是一竿清竹迎風而立，在這竿清竹之上趴著一隻栩栩如生的「紡織娘」。這個人回到家之後，便把這幅畫掛在了房間裡。到了半夜，這個人在睡夢中被「紡織娘」的陣陣叫聲給吵醒了。於是，他從床上爬起來，提著燈到處尋找，最後卻發現了一隻不停鳴叫的「紡織娘」，竟然就是唐伯虎畫中的那隻。

　　還有一次，唐伯虎為一位好友的扇子畫了三隻河蝦，這位朋友愛不釋手。一天，他乘船去遊玩，一不小心就失手將那把扇子掉到了裡，沒想到扇子上的三隻蝦竟然活了，一起跳到河裡遊走了。這些傳說雖然都是假的，但卻形象而傳神地描述了唐伯虎高超的畫技。

　　艱難坎坷的生活，造就了唐伯虎桀驁不馴、蔑視權貴的性格。他曾經在一首詩中寫道：「但願老死花酒間，不願鞠躬車馬前。車塵馬足貴者趣，酒盞花枝貧者緣」。這充分地反映了他寧願貧窮度日，也不願意阿附權貴的高潔品性。但是清高傲世的品性，必然會得罪一些達官貴人。另外他的窮困生活也曾經在另一首詩中有所表現：「立錐莫笑無餘地，萬里江山筆下生。」這表現了他生活窘迫得幾乎沒有立錐之地了。此外，他還在另一首詩中直截了當地道出了其苦楚的生活狀況：「青山白髮老癡頑，筆硯生涯苦食艱！」

　　西元一五二三年，五十三歲的唐伯虎在貧困與疾病中離開了人世。因為過度貧窮，實在無力好好安葬，只能暫存於住宅旁邊。如今，在蘇州桃花塢唐伯虎住宅遺址附近，還有一個名為「唐寅墳」的

小巷。直到二十年之後，唐伯虎的親友們才一起湊了些錢，將唐伯虎的靈柩遷葬到了城西的橫壙王家村。

文武兼備的施耐庵

　　施耐庵，原名施彥端，字肇端，號子安，別號耐庵。他的祖籍在江蘇泰州海陵縣，出生於江蘇興化。他是元末明初著名的作家、文學家，有一個同樣名聲赫赫的徒弟——羅貫中。

　　施耐庵自幼聰明伶俐，喜歡學習。元延祐元年，他考中了秀才。泰定元年，他又考中了舉人，後又考中進士。仕途很順利。然而，好景不長，在他擔任錢塘縣尹的時候，由於替窮人辯冤糾枉而遭到了縣官的訓斥。他不滿官場的黑暗，就辭官回家了。

　　元至正十三年，白駒場的鹽民張士誠等十八名壯士率眾多壯丁舉起了起義反元的大旗。張士誠敬慕施耐庵的文韜武略，再三邀請他做自己的軍師。而當時的施耐庵心中也有建造「王道樂所」的遠大抱負，便接受了張士誠的邀請，前去助他一臂之力。施耐庵曾經為張士誠獻了很多攻城奪地的計策，並取得過很好的效果。但是，張士誠在取得一些成果之後，就開始居功自傲，獨斷專行，輕信奸佞小人，疏遠忠臣良將，施耐庵曾幾次諫勸，但張士誠都不聽。於是，施耐庵憤然離開了平江，在臨走的時候，他作了〈秋江送別〉套曲贈予同在張士誠幕下的魯淵、劉亮等人。從此之後，施耐庵開始浪跡江湖，替人醫治疾病，解決疑難問題。

　　施耐庵不但是一名小說家，而且還是一位武藝高強、見義勇為的好漢。

　　有一天，施耐庵到一座茶山遊玩，正好碰上一個流氓正在強奪茶農的茶園。他非常氣憤地趕上前去阻止。這時，那個流氓見來人理直

氣壯，氣勢洶洶，只好偷偷地溜走了。但是，流氓心裡很不服氣，打聽到施耐庵的住處之後，便花錢雇了一幫打手，圍住施耐庵的居所，想要把施耐庵揍一頓。施耐庵看到這個情景之後，只是微微地冷笑幾聲，便鎮定自若地邁出了門。打手們見他一個人且赤手空拳，便一哄而上。其中，一個黑臉大漢手舉一根鐵棒挾著風聲就朝施耐庵的頭頂劈來，而施耐庵只是側身擺頭，一個「順風扯旗」便讓過了棒鋒，然後，他雙手抓住鐵棒，同時飛起右腳，正好踢在那個大漢的小腹上，那傢伙便滾出一丈多遠，施耐庵舞起從大漢手中奪來的鐵棒，一陣旋風般的橫掃，把那幫傢伙打得屁滾尿流地逃走了。

後來，施耐庵來到了江陰祝塘，在財主徐騏家中坐館，除了教書之外，他還與自己的徒弟羅貫中一起進行《三國》、《三遂平妖傳》的創作，搜集並整理了很多北宋末年以宋江為首的一百零八個好漢在水泊梁山起義的故事，為撰寫《江湖豪客傳》準備一些素材。至正二十七年，朱元璋消滅張士誠之後，開始到處偵查張士誠的屬下。為了避免惹來不必要的麻煩，施耐庵在徵求興化好友顧逖的意見之後，便在白駒上修建了一座房屋，從此開始了隱居生活，全心全意地投入到《江湖豪客傳》的創作中。當《江湖豪客傳》成書之後，最終被定名為《水滸傳》。

之後，施耐庵為了躲避明朝的徵召，潛居於淮安，感染疾病而死，就地高葬，享年七十五歲。施耐庵死了數年後，他的孫子將其骨葬於白駒西落湖，也就是今江蘇省興化市新垛鎮施家橋，並且請王道生為其作《施耐庵墓誌》。

明嘉靖十九年，高儒的《百川書志》中記載：「《忠義水滸傳》一百卷，錢塘施耐庵的本，羅貫中編次。」嘉靖四十五年，郎瑛在《七修類稿》中說道：「此書為『錢塘施耐庵的本』。」萬曆年間，

胡應麟在《少室山房筆叢》中指出：「武林施某所編水滸傳，特為盛行。」現在，人們一致認為施耐庵是《水滸傳》作者。這部著名的巨著至今還在代代流傳！

章回小說鼻祖羅貫中

　　羅貫中，在現代人的眼中，他是一位著名的小說家、戲曲家，但是，這樣的身份在當時卻被人們瞧不起。被視為與「倡優」、「妓藝」為伍，當時被人視為勾欄瓦舍的下九流，正史不可能為他寫經作傳。唯一可以看到的是明代一位無名氏所編著的一本不太可靠的小冊子《錄鬼簿續編》，其中寫道：「羅貫中，太原人，號湖海散人。與人寡合，樂府隱語，極為清新。與余為忘年交，遭時多故，天各一方。至正甲辰復會，別來又六十餘年，竟不知其所終。」

　　元代中期，滅宋戰爭的創傷正在逐漸平復，社會的經濟、文化重心也開始由北方向南方轉移。南宋的故都——杭州，不但發展成一個人口密集、商業發達的繁華城市，也成為戲劇演出與「說話」藝術發展的中心。所以，有很多北方的知識分子、「書會材人」，比如，關漢卿、鄭光祖等人，都先後搬遷到了杭州一帶。而身為小說家兼雜劇作家的羅貫中，自然也會受到這一社會潮流的影響，成為南遷作家中的一員。羅貫中有個稱號「湖海散人」，其寓意為漫遊江湖、浪跡天涯。約在西元一三四五至一三五五年間，他也搬到了杭州。很多說話藝人與雜劇作家都在這裡活動，羅貫中與其中志同道合的幾個人結成了朋友。他非常喜愛民間文學，到了這裡，就不願意離開了。

　　大約在西元一三六〇至一三六四年間，「有志圖王」的羅貫中去因起事而稱霸的張士誠處作客。然而，張士誠一點兒都不重視知識分子，也不願意聽取他們的意見。至正二十三年，也就是西元一三六三年九月，劉亮、魯淵等人在失望中紛紛離開了張士誠。沒過多久，羅貫中也離開了張士誠，再次北上，到至正二十六年，羅貫中又回到了

杭州。這個時候，他已經五十多歲了，對於歷史與人生都有了一個非常成熟的看法，具備了創作《三國志通俗演義》的各種條件。到明太祖洪武三年，即西元一三七〇年，羅貫中已經完成了十二卷，之後的卷數，都是在洪武四年以後完成的。

在羅貫中創作《三國志通俗演義》期間，他的老師施耐庵從蘇州遷移到興化，於洪武三年逝世。為了紀念這位給他很大幫助的老師，羅貫中在完成《三國志通俗演義》之後，決定對施耐庵的《水滸傳》進行加工與增補。最終，於洪武四年至十年之間完成此書。羅貫中在加工、增補《水滸傳》的同時，還繼續創作有關歷史演義的一系列作品。

羅貫中完成這些作品之後，已經六十多歲了。為了能讓這些作品順利出版，他於洪武十三年左右，親自從杭州來到了福建，因為當時福建的建陽是出版業的中心之一。然而，可惜的是，因為種種原因，羅貫中的這一目的最終卻沒有實現。

羅貫中的創作才能並不拘泥於一方面而是多方面的。他把歷史與文學自然地結合在一起，在現實的描繪中，又充滿了浪漫主義的傳奇色彩。羅貫中的《三國志通俗演義》，現存的最早的版本為嘉靖本，最為流行的版本是清代毛綸、毛宗崗父子的修改本。除了小說創作之外，賈仲明《錄鬼簿續編》還評價他說「樂府隱語，極為清新」。現存的他的戲曲作品有《趙太祖龍虎風雲會》雜劇。這本雜劇的基本思想與《三國志通俗演義》有很大相似之處，生動地描寫君臣之間的親密關係，並且，希望通過「正三綱、謹五常」來結束奸雄爭霸造成的悲慘局面。

大約在西元一四〇〇年，羅貫中在宋代民族英雄文天祥的故里盧陵（今江西吉安）逝世，享年七十歲。

傑出的小說家吳承恩

　　吳承恩，字汝忠，號射陽山人，淮安府山陽縣人。其祖籍位於安徽桐城高甸，即今天的樅陽縣雨壇鄉高甸。由於他的祖先聚居在樅陽高甸，因此被人們稱為高甸吳氏。

　　吳承恩出生在由下級官吏淪落為小商人的家族中，家境貧寒。他的父親名叫吳銳，字廷器，依靠賣「彩縷文羯」為生，是一個「又好談時政，竟有所不平，輒撫几憤惋，意氣鬱鬱」的人。由於父親性格樂觀曠達，奉行常樂哲學，因此，便為他取名承恩，字汝忠，意思是希望他能夠讀書做官，上承皇恩，下澤黎民，做一個青史留名的好官。吳承恩自幼聰明伶俐，喜歡誦讀野言稗史、志怪小說，「嘗愛唐人如牛奇章、段柯古輩所著傳記，善摹寫物情，每欲作一書對之」，「髫齡，即以文鳴於淮」，因此，頗得官府、名流以及鄉紳的賞識。

　　嘉靖八年，吳承恩到由淮安知府葛木創辦的龍溪書院中讀書，得到了葛木的賞識。但是，他科考一直不順利，直到嘉靖二十九年，約四十歲的時候，他才補得一個「歲貢生」，到北京等待分配官職，最終也沒有被選上。六年之後，因為母親年邁，家庭貧寒，他就去了浙江擔任長興縣丞，常常與友人朱日藩飲酒作詩，與嘉靖狀元沈坤、詩人徐中行有往來。最終，因為受到他人的誣告，兩年之後「拂袖而歸」，後以賣文為生，大約在他六十七歲的時候，到過杭州，晚年生活異常淒涼。八十二歲那年，這位飽經風霜的小說家離開了人世。

　　《西遊記》這部偉大的名著，是吳承恩在什麼條件下創作的呢？吳承恩從小就十分喜歡誦讀野言稗史，對那些古代神話與民間傳說非常熟悉。這些都為他日後寫《西遊記》打下了良好的基礎。後來，科

場的失意，生活的困頓，使他深刻地認識到了封建科舉制度的弊端以及現實生活的黑暗，讓他對這個社會極度厭惡，迫切地需要以一種合適的方式發洩一下。最終，他選擇運用志怪小說的形式，來表達自己內心的不滿與憤懣。他曾經自己說道：「雖然吾書名為志怪，蓋不專明鬼，實記人間變異，亦微有鑒戒寓焉。」吳承恩還曾經寫過一部名為《禹鼎志》的短篇小說集。不過，已經失傳，現在只能看到一篇自序。

關於《西遊記》的作者到底是不是吳承恩，學術界一直存在著很大的爭議，有一些學者認為《西遊記》的作者並不是吳承恩，而是明嘉靖的「青詞宰相」李春芳。但是，現在大多數人認為吳承恩就是《西遊記》的作者，所以，我們姑且在這裡將《西遊記》劃入吳承恩的名下。

吳承恩的長篇神魔小說《西遊記》，以唐代玄奘法師到西天取經的經歷為藍本，在《大唐西域記》、《大唐慈恩寺三藏法師傳》等作品的基礎上，經過藝術加工，巧妙構思而寫成。這部作品借助神話人物來抒發作者對現實的極度不滿以及迫切想要改變現實的願望，鮮明地反應出了作者渴望建立一個「君賢神明」的王道之國的政治理想。在小說中，唐僧師徒在取經的路上所經歷的九九八十一難，就是現實社會中種種情況的樣本。小說想像大膽，構思新奇，在人物塑造上採用人、神、獸三位一體的塑造方法，創造出一些不朽的藝術形象，比如，孫悟空，豬八戒、沙僧等。整本書組織嚴密，繁而不亂，語言活潑生動並且夾雜著很多方言俗語，充滿了生活氣息。從主題上來看，該小說沖淡了故事中原有的宗教色彩，在很大程度上豐富了作品的現實內容，具有民主傾向與時代特點。這部作品諷刺幽默味十足，與以往的取經故事有著明顯的區別，展現了自己獨特的風格。

《西遊記》這種新形勢小說的出現，開闢了神魔長篇章回小說的

新門類，書中將善意的嘲笑、辛辣的諷刺以及嚴肅的批判巧妙地結合在一起，對諷刺小說的發展產生了很大的影響。《西遊記》是古代浪漫主義長篇小說的高峰，在世界文學史上，它也屬於浪漫主義的典範之作。《美國大百科全書》評論它是「一部具有豐富內容和光輝思想的神話小說」；《法國大百科全書》中說它：「全書故事的描寫充滿幽默和風趣，給讀者以濃厚的興味。」從十九世紀開始，它被翻譯為日、英、法、德、俄等十來種文字，在世界各地流傳，得到了全世界人民的喜愛。

吳承恩的很多詩文都散失了，由後人輯集的《射陽先生存稿》四卷還存於世間。吳承恩所寫的《西遊記》的第一回〈猴王出世〉被選入了人教版語文五年級下學期第二十一課。〈三打白骨精〉被選進了蘇教版六年級第八課。除此之外，〈花果山擁立美猴王〉入選滬教版語文六年級下學期第三十一課。〈孫悟空棒打白骨精〉被選進了滬教版語文六年級下學期第三十二課。而〈火焰山寶扇滅火焰〉則被選入了滬教版語文下學期第三十三課中。

「東方莎士比亞」湯顯祖

　　湯顯祖從小就喜歡讀書，文學素養很高，學識廣博。很早就有文名，但是由於湯顯祖生性耿直，淡泊名利，更重要的是他厭惡官場上的阿諛奉承和官僚們的醜惡嘴臉，不願寄身官場與權貴交往，所以直至三十四歲的時候才中進士。高中不久，朝廷便下旨要他到南京任太常博士一職，在位期間，湯顯祖與東林黨首領的關係很密切，在數次接觸交談之中，王學左派的思想讓湯顯祖產生了濃厚的興趣，也因此湯顯祖在政治上屢屢受挫。萬曆十九年，湯顯祖因為不滿朝政，執意上書抨擊權貴，遭到權臣的忌憚，被貶到雷州半島的徐聞縣做了一個小小的典史，後來又遷到浙江遂昌做知縣。在接連被貶的這一段時間，他深切感受到人民的痛苦，這就更加堅定了他反抗黑暗現實的決心，這種憤世嫉俗的態度為他以後的創作生涯奠定了基礎。萬曆二十六年，湯顯祖決意辭官回鄉，從此不再出仕，隱居黎裡，專心著述。湯顯祖的一生寫了很多作品，除了《紅泉逸草》、《差別棘鄲草》等詩文集之外，逝世之後《玉茗堂集》也被正式刊行。湯顯祖的主要著作有《紫釵記》、《牡丹亭》、《南柯記》、《邯鄲記》四種，合稱「臨川四夢」或「玉茗堂四夢」。

　　「臨川四夢」中的《紫釵記》是最早進行創作的，大約著成於萬曆十五年，《紫釵記》是根據湯顯祖與謝九紫等合作的《紫蕭記》改編而成。《紫蕭記》的創作雖算不上成功，整部戲劇的劇情毫無波瀾，平鋪直敘，毫無懸念可言，與當時流行的才子佳人戲一樣沒有吸引人眼球的東西，更沒有什麼新的內容，曲文更是辭藻堆砌，庸俗不堪。但是在《紫釵記》這部劇中，湯顯祖以紫玉釵作為串聯全劇的一

根線，用大量的言語描述了盧太尉的專橫行徑，李十郎的軟弱性情和霍小玉的悲劇命運，這幾個人物的出場大大加深了劇本的現實意義。霍小玉楚楚動人，形象生動逼真，她不畏權勢，努力追求屬於自己的幸福，對愛情更是忠貞不渝，敢於一拋千金，勇敢拒絕攀附富貴高門。湯顯祖通過塑造這個形象，也為日後塑造杜麗娘的形象做了充分的準備。與普通的傳奇側重生角描寫的特點不同，《紫釵記》將女主角描寫得可愛至極，而這一特點在《牡丹亭》這部劇中得到了昇華。

繼《紫釵記》創作之後，《牡丹亭》橫空出世。《牡丹亭》又被叫做《還魂記》或者《牡丹亭夢》。萬曆二十六年，湯顯祖曾為這部劇的刊行撰寫了自序。《牡丹亭》可以說是湯顯祖的思想與藝術都幾近成熟的一部作品。《牡丹亭》是「臨川四夢」四部劇中成就最高、影響最大的一本書。湯顯祖自稱「一生四夢，得意處惟在牡丹」，該劇充分展現了湯顯祖的藝術才華。全劇通過對杜麗娘為情而死，因情而生的深刻描寫，深刻揭露出封建禮教的殘酷，鞭撻了程朱理學「存天理、滅人欲」的醜惡虛偽，反映了中國資本主義萌芽時期的花季少男少女對自由愛情的渴望以及對個性解放的強烈願望，也歌頌了他們為追求自己的愛情，實現自己的願望不屈不撓鬥爭的精神。杜麗娘溫婉可人的藝術形象在劇中被塑造得淋漓盡致。「驚夢」、「尋夢」、「冥誓」等一系列情節顯示了杜麗娘熱愛生活、追求自由、執著愛情、不畏權貴、勇於反抗的鮮明個性。湯顯祖用飽含憐憫同情的文筆把一個從小被封建禮教束縛的女叛逆者的形象呈現在大家面前。《牡丹亭》的曲文華而不侈，文詞運用巧妙、貼切、自然。湯顯祖在寫這部劇的時候，儘量減少駢文的運用，採用了很多近乎於白話的語句，無形當中增加了這部劇的感染力。

《南柯記》與《邯鄲記》都是湯顯祖晚年的作品，於萬曆二十八年和萬曆二十九年依次問世。因為晚年時期的湯顯祖的意志相對消

沉，這種情緒同樣體現在了作品中，《南柯記》和《邯鄲記》這兩部劇都或多或少流露出了出世思想。這兩部劇也在以不同的程度鞭撻現實社會的醜惡與黑暗。但是這兩部劇有一個共同局限，就是湯顯祖對現實進行大量揭露和抨擊，但同時也在言語之中暗示出逃避現實的出世態度。同《紫釵記》與《牡丹亭》相較，《南柯記》與《邯鄲記》的曲詞直白了許多，但更具諷刺性。

湯顯祖成就了一個時期的經典，而「臨川四夢」更是標誌著明代戲劇創作走入高峰，它的作用不容忽視，上承元雜劇，下啟清傳奇，為中國古代戲劇的發展創造了又一個重要的里程碑。

哲學大家王夫之

王夫之出生在封建社會末期，資本主義經濟開始萌芽。這一時期，社會經濟發生變動，社會生產力和科學水準不斷提高，階級和民族矛盾相互交錯。在這樣特殊的環境下，早期啟蒙思想應運而生，早期思想主要以批判宋明道學為共同傾向。王夫之則成為了新思潮的代表人物之一。出身於沒落地主知識分子家庭的王夫之，自幼被傳統文化束縛。年輕的時候，他一方面希望自己可以考中科舉走入仕途，另一方面又擔心動盪的時局，與朋友組織了「行社」、「匡社」等社團，年輕氣盛的一群年輕人慨然有匡，立志救國。

王夫之的十一世祖王仲一是跟隨朱元璋起兵的一員大將。父親王朝在北京國子監讀書。王夫之於明朝末年在嶽麓書院求學，跟隨老師吳道行學習。崇禎十二年秋天，王夫之奔赴武昌參加鄉試，落榜。崇禎十五年中鄉舉第五名。同年十二月，王夫之到南昌等待會試。正趕上李自成率領的農民軍進入承天，張獻忠叛變。會試延期，王夫之也由南昌返回衡陽。西元一六四二年，王夫之在武昌科考中高中舉人，年僅二十四歲。

崇禎十六年，張獻忠在衡州招賢納士，他仰慕王夫之的才能，希

望王夫之可以進入仕途，但是王夫之拒不受聘，隱匿衡山。大順軍隊攻佔北京的時候，王夫之寫了一首〈悲憤詩〉，情感油然而生，淚濕衣襟。清軍入關之後，王夫之上書明朝湖北巡撫，主張聯合農民軍一同抵抗清軍，更有勝算。西元一六四七年，清軍攻陷衡陽，王夫之的兩個兄長、叔父、父親都不幸遇難，王夫之悲痛萬分。第二年，王夫之與朋友管嗣裘等人在衡山起兵抗清，不幸落敗，倉皇逃往南明，在南明結識了瞿式耜、金堡、蒙正發、方以智一干人，後來永曆政權任命王夫之為行人司。王夫之為了彈劾權貴，懲奸除惡，險遭殘害，幸運的是被農民軍領袖高一功相救，才能逃過一劫，保全性命。後來他逃回湖南，隱居深山。

順治七年，朝廷內部矛盾加深，深陷黨爭之亂，吳黨勢力強大，楚黨陷入危難，為了營救楚黨，王夫之聯合董雲驤上書皇帝，告誡皇帝不要受奸人的蠱惑，殘害忠良。永曆帝聽後，龍顏大怒，以王夫之「職非言官」的罪名，嚴加指責。同年七月，王夫之奔赴桂林依瞿式耜。同襄陽鄭儀珂的女兒結婚，婚後生活美滿幸福。西元一六五二年，李定國率領大西農民軍攻佔衡陽，請王夫之出山，為他效力，王夫之雖然猶豫不決，「進退縈回」，但終未去。從此以後，王夫之便隱伏於湘南一帶，過了將近三年顛沛流離的生活。為了躲避世間的紛爭，曾改名換姓，居住在荒山破廟，後來到常寧西莊源，做了一名教書先生。十年的曲折生活，也使得王夫之有機會與貧苦老百姓有了更深的接觸，瞭解民間疾苦，這也促成了他總結明亡教訓的決心和毅力，從此發奮著述，接連寫了《周易外傳》、《老子衍》兩部哲學巨著，還完成了政論著作《黃書》。後半生，王夫之在荒僻的石船山麓隱居，雖然條件艱苦，但是他堅持學術研究的決心從來沒有動搖，在這裡王夫之寫出了許多著作。

順治十七年春，王夫之全家遷到衡陽金蘭鄉高節裡的茱萸塘的一

間茅屋居住，名叫「敗葉廬」。康熙十四年秋，王夫之在衡山石船山麓隱居著述，人稱「湘西草堂」。康熙三年，王夫之在「敗葉廬」設館講學。之後又重新修訂了《讀四書大全說》。

　　晚年的王夫之貧病交迫，甚至連紙筆都要依賴朋友周濟。吳三桂稱帝之初，有意請王夫之寫一篇〈勸進表〉以表天下，遭到王夫之的嚴詞拒絕。七十一歲時王夫之自題墓石，表白自己的政治抱負及學風。康熙三十一年，王夫之逝世。

文學大家歸有光

　　明武宗正德元年，歸有光出生在一個日漸衰敗的大族家庭。歸有光八歲的時候，母親撒手人寰，而歸有光的父親僅僅是一個窮縣學生，家境敗落。這樣的環境使得年幼的歸有光很早就懂得了人間的憂難，奮發攻讀，希望有一天可以高中，造福黎明百姓。歸有光從小明悟驚人，九歲成文，十歲的時候就寫了千餘言的〈乞醯論〉，十一歲時就立志要向古人一樣做一個文學大家，十四歲應考童子試，二十歲名居榜首，以蘇州府學生員的名義到南京參加鄉試。歸有光「弱冠盡通六經、三史、大家之文」，對舉業信心十足的他卻不幸在鄉試中連連落第，五次南京考試，均榜上無名，可憐其間慘澹經營，寒窗十餘載，但他沒有放棄，直到三十五歲的時候才以第二名中舉。此時，歸有光對於三代兩漢之文，諸子百家之書早已經融會貫通，上至九經二十一史，下到農圃醫卜之屬無所不博。當時被世人譽為「崑山三絕」的一絕就是歸有光的古文。張文毅稱讚歸有光為「賈、董再世」。歸有光憑藉其才學，考取功名應該是勝券在握。

　　歸有光在鄉試高中的同年，雇了車馬北上，一路上舟車勞頓，日夜兼程準備第二年的禮部應試。沒想到這次會試竟再次名落孫山。南下回鄉之後，他居住在嘉定安亭江上，從此便開始了讀書應試、談道講學的生涯。歸有光的家境貧困，家裡的一切生計都要靠妻子王氏。居住在安亭的這段時間，王氏獨自一人種四十多畝田地，監督僮奴墾荒，利用牛車灌水，用收穫的米糧供全家和歸有光的弟子們吃喝，妻子的賢良體貼，解除了歸有光的後顧之憂，讓歸有光可以更加專心自己的事業。歸有光學識淵博、縱論文史，談經論道，學生陸續慕名而

來，一時間弟子滿門，歸有光的聲望越來越大，人們尊稱歸有光為「震川先生」。震川先生揚名四海，連恃寵而傲的徐文長對歸有光也青睞有加。一天，禮部侍郎緒大綬回老家之後邀請徐文長到家裡吃飯，可是從黃昏等到深夜，徐文長才姍姍而來。緒大綬也很欣賞歸有光的才華，命隨從把歸有光的文章拿過來，與徐文長一同賞析，兩個人張燈快讀，相對歡賞，通宵達旦，樂此不疲。

歸有光命運多舛，三年一次的應試，每每遠涉千里進京，可是一連八次，次次落第而歸。歸有光仕途蹭蹬，而時間也把這位名揚四海的古文家拋棄在了荒江僻壤之上。再加上失子喪妻的傷痛加重了其生活的艱難。坎坷的生活環境也磨礪了歸有光的深沉堅毅、不畏權勢與厄運的頑強性格。

明代科舉舞弊之氣甚盛，宗師、官僚的提攜是進入仕途的重要捷徑。歸有光因為久困場屋，對於科考的內幕十分明瞭。可是，他卻堅決不用行賄這種可恥的方法躋身仕途。穆宗即位之後，宦官掌權，穆宗有名無實，如傀儡一般。生性耿直、不畏權貴的歸有光看到朝廷的腐敗，漸漸心灰意冷，決定堅持自己的文學創作，決不再進入仕途。

嘉靖年間，摹古之風愈演愈烈，甚至變本加厲。歸有光就是「七子」之一，作為摹古風氣中的勇士，歸有光是一位敢於反抗潮流、駁斥權貴的正直文學家。

歸有光的同鄉王世貞的仕途之路比歸有光順利得多。王世貞進士及第之後，官運亨達，連連高升，官至南京刑部尚書，素以雄才博學著稱，在文壇一枝獨秀，風光無限。而歸有光，雖然已經頗有聲名，但畢竟只是個身處窮鄉僻壤的鄉巴佬。也就是這樣一個身處鄉間的窮儒生，竟敢同不可一世的王世貞相抗衡。歸有光批判王世貞的惡性，還為此寫了〈項思堯文集序〉一文，言辭十分激烈，鏗鏘有力，義正詞嚴，歸有光當著眾人的面諷刺王世貞是「妄庸鉅子」，王世貞聽到

後憤怒不已，對歸有光懷恨在心。王世貞對歸有光的恨一直持續到晚年。但是最終他還是改變了對歸有光的看法，不僅給歸有光的古文賦以很高的評價，還表達了自己「遲暮自悔」之情。

　　歸有光作為一代名家，他用自身的才華、學識、理論和創作實踐使眾人為之歎服。

昌明文庫 · 悅讀人物　A0603015

細說明朝風雲人物

編　　著	曹金洪
責任編輯	蔡雅如
發 行 人	陳滿銘
總 經 理	梁錦興
總 編 輯	陳滿銘
副總編輯	張晏瑞
編 輯 所	萬卷樓圖書股份有限公司
排　　版	百思威信息技術有限公司
印　　刷	百通科技股份有限公司
封面設計	曾詠霓

出　　版　昌明文化有限公司

桃園市龜山區中原街 32 號

電話　(02)23216565

發　　行　萬卷樓圖書股份有限公司

臺北市羅斯福路二段 41 號 6 樓之 3

電話　(02)23216565

傳真　(02)23218698

電郵　SERVICE@WANJUAN.COM.TW

大陸經銷

廈門外圖臺灣書店有限公司

電郵　JKB188@188.COM

ISBN 978-986-93560-6-0

2016 年 9 月初版

定價：新臺幣 380 元

如何購買本書：

1. 劃撥購書，請透過以下郵政劃撥帳號：

　　帳號：15624015

　　戶名：萬卷樓圖書股份有限公司

2. 轉帳購書，請透過以下帳戶

　　合作金庫銀行　古亭分行

　　戶名：萬卷樓圖書股份有限公司

　　帳號：0877717092596

3. 網路購書，請透過萬卷樓網站

　　網址　WWW.WANJUAN.COM.TW

大量購書，請直接聯繫我們，將有專人為您

服務。客服：(02)23216565　分機 10

如有缺頁、破損或裝訂錯誤，請寄回更換

版權所有 · 翻印必究

Copyright©2016 by WanJuanLou Books CO., Ltd.

All Right Reserved　　　　　Printed in Taiwan

國家圖書館出版品預行編目資料

細說明朝風雲人物 / 曹金洪編著. -- 初版. --

桃園市：昌明文化出版；臺北市：萬卷樓

發行, 2016.09　面；　　公分. --(昌明文庫.悅

讀人物)

ISBN 978-986-93560-6-0(平裝)

1.傳記　2.明代

782.16　　　　　　　　　　　　105018318